Familien Küchenglück

120 Gerichte, die allen schmecken

SARAH SCHOCKE UND ALEXANDER DÖLLE
FOTOS TINA ENGEL

Familien Küchenglück

120 Gerichte, die allen schmecken

SCHNELL
EINFACH
GESUND

CHRISTIAN

Inhalt

WISSENSWERTES

EXKURSE

Rezepte

ZUM PERSONALISIEREN

Liebe Leserin, lieber Leser, liebe Familie,

wie schön, dass ihr »Familienküchenglück« in den Händen haltet. Es ist unser bisher persönlichstes Buch. Wir sind eine echte Familie, mit echten Kindern, die echten Quatsch machen und echtes Essen essen. »Echtes Essen« ist uns wichtig, aber was genau soll das sein? Wir verzichten größtenteils auf Fertigprodukte und kochen viel selbst. Unsere Kinder sind stets dabei. Sie kochen mit, probieren, verziehen die Gesichter, rebellieren, werfen Gläser um, bestimmen mit, schlagen vor … Und so basteln wir uns unseren Essalltag. Wenn man mal von der großen Kleckerei absieht, ist für uns die gemeinsame Mahlzeit echtes Familienküchenglück, an dem wir alle an einem Tisch zusammenkommen und von unserem Tag erzählen. Okay, manchmal ist es auch Familienchaos pur, aber das kennt sicher jeder.

Damit auch ihr euch Familienküchenglück nach Hause holen könnt, haben wir unsere Lieblingsrezepte zusammengesammelt. Manche gehen schneller, andere brauchen eine Weile, aber der Aufwand lohnt sich immer.

Und jetzt fragt ihr euch vielleicht, wer wir eigentlich sind und wie wir zum Kochen gekommen sind:

SARAH hat Ökotrophologie studiert. Sie sorgt für üppiges Grün auf dem Teller, denn seit fast 25 Jahren isst sie vegetarisch. Sarah hat zunächst in einem Verlag die Kochbücher anderer Autoren mit auf den Weg gebracht, bevor sie selbst anfing, welche zu schreiben. Sie glaubt, dass sie besser backen kann als Alex.

ALEX hat auch Ökotrophologie studiert, arbeitet in der Lebensmittelbranche und kocht, seit sie sich kennen. Mit Nudeln und Pesto fing alles an und heute haben sie eine kleine Familie – die mehr isst als Nudeln mit Pesto. Alex ist der routiniertere Koch von beiden, der auch gerne mal Burger für über 150 Menschen brät.

LINN ist Lieblingstochter und Fräulein Fröhlich. Sie isst am liebsten Butterbrot und Nudeln in allen Variationen, sogar mit scharfer Chili-Sauce.

EMILIAN ist Lieblingssohn und Hansdampf. Er hat als Baby rohe Spargelstangen geknabbert und grüne Smoothies getrunken. Momentan isst er am liebsten Würstchen und Gurke.

Wir hoffen, dass wir euch mit unseren Rezepten, Bildern und Ideen inspirieren und dass ihr unser Familienküchenglück in eures verwandeln könnt. Viel Spaß dabei wünschen euch

SARAH EMILIAN ALEX LINN

...ich will auch...

Sooo groß ist der Kern

Wow ♡

Familienküchenglück IM ALLTAG

Auf den folgenden Seiten verraten wir unsere Lieblingslebensmittel und sprechen über eine gesunde und alltagstaugliche Basis, die wir unseren Kindern mitgeben.

Wie gelingt gesunde Familienküche?

WIR ELTERN WOLLEN UNSERE KINDER MÖGLICHST GESUND ERNÄHREN.

Das ist jedoch nicht immer so einfach. Denn gesunde Ernährung passiert leider nicht nebenbei, gesunde Ernährung braucht Vorbereitung und Zeit. Immer wieder müssen wir uns auch selbst daran erinnern, nicht so viel Süßkram zu essen oder mal wieder Nüsse auf den Speiseplan zu bringen.
Gesund essen heißt also auch, gut vorbereitet zu sein, sowohl zu Hause als auch unterwegs. Denn leider ist das, was es unterwegs auf die Schnelle zu kaufen gibt, oft nicht gesund und ausgewogen. Am Brötchen oder der Brezel vom Bäcker ist zwar an sich nichts auszusetzen, aber wenn es jeden Nachmittag nur etwas vom Bäcker gibt, fehlen Vitamine aus frischem Obst und Gemüse. Und wenn keine Zeit bleibt, um ein ordentliches Pausenbrot vorzubereiten, wandert schnell mal ein Fertigprodukt aus dem Supermarkt in den Rucksack. Ab und zu ist das natürlich hilfreich, aber es sollte keinesfalls eine Dauerlösung werden.

Wir managen unseren gesunden Essalltag deshalb so:

★ Wir haben immer einen Vorrat an frischem Obst und Gemüse zu Hause: vor allem Sorten, die gut als Rohkost funktionieren und die unsere Kinder besonders mögen. Das sind bei uns unter anderem Kohlrabi, Paprika, Karotten, Gurken, Äpfel, Birnen und Bananen.

GESUND ESSEN HEISST ALSO AUCH, GUT VORBEREITET ZU SEIN.

★ Auch Nüsse und Trockenobst sind immer vorrätig. In eine kleine Dose gefüllt sind sie ein toller und vor allem schneller Snack für unterwegs.

★ Frühstücks- und Pausengerichte bereiten wir häufig schon abends vor, zum Beispiel das Pflaumenmüsli (siehe Rezept Seite 45), das Brot-Sushi (siehe Rezept Seite 51) oder einen der frischen Brotaufstriche (siehe Rezepte Seite 58/59).

★ Wir kochen immer mal wieder mit den Kindern zusammen. Das dauert zwar länger und macht etwas mehr Arbeit, aber so können wir sie für Neues begeistern. Zudem lernen sie, wie viel Arbeit Kochen macht. Das steigert die Wertschätzung für selbst gemachte Mahlzeiten – zumindest hoffen wir das.

★ Wir versuchen gute Vorbilder zu sein. So wie wir essen, essen auch die Kinder. Je abwechslungsreicher wir unsere Ernährung gestalten, desto experimentierfreudiger sind auch sie.

★ Wir versuchen gelassen zu bleiben. Es gibt immer wieder Phasen, in denen die Kinder Dinge nicht mögen, auch wenn sie sie vorher gerne gegessen haben. Manche Phasen sind kürzer, andere länger. Aber wir vertrauen darauf, dass wir unseren Kindern eine gute Basis bieten, auf die sie später zurückgreifen können.

★ Und manchmal hilft nur Mogeln: Gemüse pürieren und ab in die Nudelsauce, in den Auflauf, in die Suppe, in den Smoothie. Am besten ist es, Bekanntes und Beliebtes mit nicht so Populärem zu verbinden. Wie zum Beispiel Spätzle mit Pastinaken (siehe Rezept Seite 101) oder Nudeln mit Tomatensauce, in der sich auch Mango und Kichererbsen verstecken (siehe Rezept Seite 89).

DER APFEL FÄLLT NICHT WEIT VOM STAMM

Kinder orientieren sich an Vorbildern. Das sind in den ersten Jahren vor allem Eltern und Geschwister, später dann auch Freunde, Schulkameraden und Menschen der Öffentlichkeit. Es ist wichtig, schon früh die Grundlage für ein gesundes, abwechslungsreiches Essverhalten zu schaffen. Und das klappt am besten, wenn ihr und euer Nachwuchs mit Spaß bei der Sache seid. Zwang, Verbissenheit und Drohungen helfen nicht dabei, Kinder für gesundes Essen zu begeistern. Was hingegen auch ohne viele Worte Wirkung zeigt: selbst ein gutes Vorbild sein. Außerdem wichtig sind eine Wohlfühlatmosphäre am Tisch, regelmäßige gemeinsame Mahlzeiten und ein Mitsprache- und Mitgestaltungsrecht für die Kinder.

Es kann ganz schön nerven, wenn Kinder jedes Gemüsefitzelchen aus der Sauce herauspicken oder die liebevoll geschmierten Pausenbrote zerpflückt wieder mit nach Hause bringen. Besonders ärgerlich ist es, wenn sie sich nach der Schule auch noch den Bauch mit Burger und Döner vollschlagen. Ihr könnt aber sicher sein: Wenn eine gute Basis gelegt wird, geht auch diese Phase vorbei. Einer unserer Freunde hat als Kind in der Schulmensa regelmäßig die Croutons vom Salatbuffet mit ein paar Chicken Nuggets und Pommes garniert gegessen. Heute kocht er sich Hühnersuppe mit echtem Suppenhuhn und Gemüse. Die Basis, die die Eltern mitgegeben haben, hat über die Jahre hinweg gehalten.

WANN, WAS, WIE VIEL?

Regelmäßige Mahlzeiten strukturieren den Tag. Das gibt Kindern Sicherheit, denn sie wissen, was auf sie zukommt. Außerdem pflegt jede Familie dabei ihre eigenen kleinen Regeln, Abläufe und Rituale. Kinder lieben das und halten daran fest.

IM IDEALFALL ESSEN KINDER FÜNF MAHLZEITEN AM TAG: DREI GROSSE – FRÜHSTÜCK, MITTAG-, ABENDESSEN – UND ZWEI KLEINE – EINEN SNACK AM VORMITTAG UND EINEN AM NACHMITTAG.

Vormittags wird das Schulbrot ausgepackt, am Nachmittag sind frisches Obst und Gemüse, ein kleiner Joghurt mit Obst oder eine Handvoll Nüsse mit getrockneten Früchten ein guter Imbiss. Zwischendurch sollte es Essenspausen geben, in denen auch nicht genascht wird. So gewöhnen sich Kinder das fatale Dauersnacken, das schnell zu Übergewicht führen kann, gar nicht erst an.

DEM HUNGERGEFÜHL FOLGEN

Kinder haben intuitiv ein Gespür dafür, wie groß ihr Hunger ist. Eine Eigenschaft, die bei Erwachsenen leider oft verloren geht. Wundert euch also nicht, wenn euer Kind an einem Tag reinhaut wie ein Scheunendrescher und am nächsten isst wie ein Spatz. Manchmal hängt es natürlich davon ab, was auf den Tisch kommt, manchmal liegt es aber auch an anderen Faktoren: Vielleicht wächst das Kind gerade, dann braucht der Körper mehr Energie. Oder es hat sich beim Spielen verausgabt. Auch Stress kann Kindern auf den Magen schlagen. Vorfreude aber auch Sorgen und Ärger können ihnen den Appetit verderben. Und manchmal haben Kinder ganz einfach auch keinen Hunger. Dann solltet ihr sie nicht zum Essen zwingen. Solange Kinder sich gut entwickeln, aktiv und fröhlich sind, besteht kein Grund zur Sorge, wenn Mahlzeiten auch mal etwas kleiner oder ganz ausfallen.

AUF DAS WAS KOMMT ES AN

Dass Vollkornmehl gesünder ist als Weißmehl, ist mittlerweile allseits bekannt. Vollkornmehl enthält mehr Ballast- und Nährstoffe und hält länger satt. Allerdings schmecken Vollkornprodukte intensiver und daran muss man sich erst einmal gewöhnen. Das geht nicht von jetzt auf gleich, sondern braucht Zeit (siehe auch Kapitel »Geschmacksbildung« Seite 38).

Wir mischen oft Weißmehl mit Vollkornmehl, zum Beispiel für den Pizzateig. Auch bei Nudeln machen wir gern halbe-halbe. Alles schmeckt aber auch uns nicht in der Vollkornvariante: Eine fluffige Brioche etwa muss einfach aus Weißmehl sein.

Vollkorngetreide, Reis, Hirse, Bulgur oder Quinoa gehören ernährungstechnisch gesehen in eine Gruppe und sollten zu jeder Hauptmahlzeit auf dem Teller liegen. Auch Kartoffeln, Süßkartoffeln und Nudeln zählen dazu. Etwas mehr Raum auf dem Teller sollten Gemüse, Salat, Kräuter und Obst einnehmen. Aus dieser Gruppe gehört auch bei den Zwischenmahlzeiten etwas auf den Tisch.

Eiweiß ist ebenfalls wichtig, denn es macht satt und hilft beim Wachsen. Milch, Quark, Joghurt, Fisch, Geflügel, Eier und Fleisch sind bekannte gute Eiweißquellen. Tierisches Eiweiß ist für den menschlichen Körper leicht zu verwerten, daher reichen hiervon kleine Portionen. Das Eiweiß muss aber nicht immer aus tierischen Quellen stammen. Hülsenfrüchte wie Bohnen, Kichererbsen, Erbsen oder Linsen sind ebenfalls reich an Proteinen, ebenso Nüsse und Tofu. Aber alles in Maßen, denn nehmen Kinder regelmäßig zu viel Eiweiß zu sich, kann das den Nieren schaden. Tofu und andere Sojaprodukte sollten, je kleiner die Kinder sind, desto seltener auf dem Teller kommen.

Eine ausgewogene Mahlzeit besteht aus einer Portion Getreide, einer großen Portion Obst und Gemüse, einer kleinen Portion Eiweiß sowie wenig Fett und möglichst wenig Zucker.

»MAMA, ICH MAG KEINE PAPRIKA« – STREIK AM ESSTISCH –

Verweigerung am Esstisch kommt immer wieder vor. Mal ist es am nächsten Tag schon wieder vorbei – zumindest mit der Paprika –, mal dauern diese Phasen aber auch länger. Wichtig ist zu unterscheiden, ob euer Kind ein bestimmtes Lebensmittel tatsächlich nicht mag oder nur gerade heute keine Lust darauf hat.

Kinder haben ihren eigenen Kopf, ihre Lieblingslebensmittel und manchmal auch sehr eigene Vorstellungen von ihrem sehr begrenzten Speiseplan. Während uns jeden Tag Nudeln mit Tomatensauce öde vorkommen, kann das für Kinder der Himmel auf Erden sein. Wenn ihr den Speiseplan dennoch sanft erweitern wollt, ladet öfter andere Kinder ein oder lasst euer Kind bei Freunden essen. Kinder lernen von anderen Kindern – auch, dass etwas anderes gut schmecken kann.

Aber auch wenn Kinder eine Zeit lang nur zwei Sorten Obst und Gemüse essen, ist das kein Grund zur Sorge, solange sie sich gut entwickeln, wachsen, rumtoben … Eine größere Vielfalt wäre zwar wünschenswert, aber für eine gesunde Entwicklung ist sie nicht zwingend nötig. Ändert deswegen aber nicht gleich eure Kochgewohnheiten, sondern bietet einfach immer mal wieder etwas anderes an. Und selbst wenn der Streik am Tisch bis in die Teenagerzeit hinein anhalten sollte, spätestens im Erwachsenenalter regelt sich das Problem meist von allein. Voraussetzung: Die Basis stimmt.

Manchmal essen Kinder einfach gar nichts, weil sie keinen Hunger haben. Dafür essen sie vielleicht am nächsten Tag wieder mehr. Oder sie versuchen, über die Verweigerung Macht auszuüben oder Aufmerksamkeit zu bekommen. In allen Fällen hilft Gelassenheit. Das Kind isst heute nichts? Dann ist das so, dann isst es morgen halt etwas mehr. Natürlich klingt das leichter, als es im Familienalltag oft ist. Aber je besser ihr es schafft, der Situation entspannt zu begegnen, desto schneller finden eure Kinder wieder in den Normalmodus zurück.

Wir handhaben das bei uns so:

★ Eine Alternative oder Extrawurst gibt es nicht: »Du magst jetzt gar nichts davon essen? Das ist okay, dann isst du nichts. Aber du musst dann bis zur nächsten Mahlzeit warten.«

★ Wir bieten Gerichte oder Lebensmittel, auch die abgelehnten, immer mal wieder an und streichen sie nicht beim ersten Ablehnen gleich komplett.

★ Wird jedoch etwas dauerhaft abgelehnt, weil unsere Kinder es wirklich nicht mögen, zwingen wir sie auch nicht und bieten es ihnen auch nicht mehr an.

FAZIT: AUCH WENN EURE KINDER AM TISCH STREIKEN, IST ES WICHTIG, GELASSEN ZU BLEIBEN. WENN EIN KIND ALLERDINGS KRÄNKLICH ODER MÜDE WIRKT, SICH ZURÜCKZIEHT ODER SICH ANDERWEITIG AUFFÄLLIG VERHÄLT ODER WENN IHR SELBST EINFACH KEIN GUTES BAUCHGEFÜHL HABT, SPRECHT MIT EUREM KINDERARZT ÜBER EURE BEDENKEN UND DAS ESSVERHALTEN EURES KINDES. ESSSTÖRUNGEN KÖNNEN UMSO BESSER BEHANDELT WERDEN, JE FRÜHER SIE ERKANNT WERDEN.

ERNÄHRUNG MUSS ALLTAGSKOMPATIBEL SEIN

Gesunde Ernährung ist für uns Eltern ein wichtiges Thema. Da bemüht man sich, möglichst alles richtig zu machen, gibt den Kindern keine Süßigkeiten, reduziert Zucker und Fett, kocht mit frischen Bio-Produkten, verbannt jede Fertigpizza aus dem Tiefkühler. Und dann kommen die Kleinen in den Kindergarten oder in die Schule: Zum Mittagessen gibt es jetzt Kroketten mit Rahmgemüse und als Nachtisch Vanillepudding. Das kann zu elterlicher Verzweiflung führen. Ist jetzt alles für die Katz gewesen? Auch ältere Kinder, die am liebsten Nudeln ohne alles verspeisen, können Sorgenfalten produzieren.

Unser Tipp für kleine und große Ernährungsprobleme: Begegnet ihnen mit Gelassenheit, auch wenn das oft schwerfällt, ihr verzweifelt, wütend und frustriert seid. Bei der Ernährung gilt wie bei anderen Erziehungsfragen: Es gibt Hunderte Ansätze. Folgt eurem Bauchgefühl und macht das, was euch und eurer Familie guttut.

Und nicht vergessen: Kinder lernen am Vorbild. Wenn ihr selbst gerne Süßigkeiten esst, macht es keinen Sinn, diese den Kindern zu verbieten. Ihr mögt selbst kein Vollkorn? Dann werdet Ihr auch eure Kinder kaum dafür begeistern können. Serviert ihnen stattdessen eine extra Portion Obst und Gemüse mit einer Handvoll Nüssen oder kocht öfter mal Quinoa, Amarant, Bulgur oder Hirse. Erkundet einfach gemeinsam, welche Vielfalt an naturbelassenen Lebensmitteln es gibt. Bestimmt ist das eine oder andere dabei, was der ganzen Familie schmeckt.

ENTSPANNT BLEIBEN

Macht euch also möglichst keinen Kopf, wenn es im Kindergarten schon was Süßes und nachmittags von der Oma noch ein Eis gab. Habt kein schlechtes Gewissen, wenn ihr ausnahmsweise doch mal die Fertigpizza in den Ofen schiebt, weil ihr einfach müde seid und keine Lust aufs Kochen habt. Und wenn ihr selbst ein Obst- und Gemüsemuffel seid, könnt ihr eure Kinder auch nicht von einer bunten Vielfalt überzeugen. Dann gibt es bei euch eben öfters Tomaten und Äpfel oder was auch immer ihr am liebsten mögt.

Wichtig ist, dass eure Ernährungsprinzipien zu euch und eurem Alltag passen. Wenn ihr euch an den folgenden drei Faustregeln orientiert, macht ihr schon viel richtig und gebt euren Kindern eine gute Basis mit. Alles andere ist das Leben und da gehören Pommes mit Ketchup genauso wie Eis und Gummibärchen einfach dazu. Essen soll schließlich Spaß machen.

Im Essalltag fahrt ihr mit diesen drei Faustregeln gut. Versorgt eure Kinder mit …

★ **… reichlich** Wasser und pflanzlichen Lebensmitteln wie Obst, Gemüse, Salat, Kräutern, Pilzen, (Vollkorn-)Getreideprodukten, Quinoa, Hirse, Amarant, Bulgur, Couscous sowie Hülsenfrüchten wie Erbsen, Bohnen, Linsen und Kichererbsen.

★ **… regelmäßigen, aber kleinen Portionen** von tierischen Lebensmitteln und Nüssen. Dazu gehören Milch und Milchprodukte, Fleisch, Wurst, Geflügel, Fisch und Eier, Sesam, Pistazien, Walnüsse, Kürbiskerne, Haselnüsse und Sonnenblumenkerne.

★ **… wenig** fett- und zuckerreichen Lebensmitteln wie Butter und Öl, Honig, Sirup, Knabbereien und Süßigkeiten sowie zuckerhaltigen Getränken.

EXKURS

Vegetarisch und vegan

Es gibt verschiedene Arten von Vegetarismus. Ovo-Lacto-Vegetarier essen Eier und Milch, aber keinen Fisch, kein Fleisch. Lacto-Vegetarier essen auch keine Eier und Veganer verzichten auf sämtliche tierische Produkte, auch Honig.

Kinder ovo-lacto-vegetarisch zu ernähren, ist überhaupt kein Problem. Wichtig ist, wie bei jeder anderen Form der Ernährung, dass der Speiseplan ausgewogen ist. Das bedeutet: Neben reichlich Obst, Gemüse und Vollkornprodukten sollten auch Hülsenfrüchte wie Linsen und Kichererbsen, Nüsse, Kerne und Samen sowie Eier, Milch und Milchprodukte regelmäßig auf den Tisch kommen. Auch eine lacto-vegetarische Ernährung ist möglich. Neueste wissenschaftliche Studien besagen allerdings, dass Eier gut für die kindliche Entwicklung sind, zudem enthalten sie Vitamin B12 und Vitamin D.

Studien haben gezeigt, dass Vegetarier mehr sogenannte gute (ungesättigte) Fettsäuren, mehr Ballaststoffe und mehr sekundäre Pflanzenstoffe aufnehmen, als Mischköstler, also Menschen, die alles essen.

Eine vegane Ernährung der Kinder setzt profundes Wissen über Nährstoffe, deren Quellen und Aufnahme voraus. Denn bei Kindern, die sich noch im Wachstum befinden, kann ein Nährstoffmangel besonders bedrohlich werden.

Einige Nährstoffe wie Vitamin B12, Eiweiß, Kalzium und Eisen kommen vor allem oder sogar ausschließlich (Vitamin B12) in tierischen Produkten vor. Für die meisten gibt es jedoch auch pflanzliche Quellen: Gute pflanzliche Eiweißquellen sind Hülsenfrüchte, Tofu, Seitan und Nüsse. Kalzium steckt unter anderem in Sesam, Haselnüssen, Amarant und Grünkohl. Eisenreich sind Haferflocken, Hirse und Kürbiskerne.

DER KÖRPER NIMMT EISEN BESSER AUF, WENN ER ZUGLEICH VITAMIN C BEKOMMT.

Während es bei diesen Nährstoffen pflanzliche Alternativen gibt, ist bei Vitamin B12 besondere Vorsicht geboten, da es ausschließlich aus tierischen Quellen kommt. Bei einer veganen Ernährung muss Vitamin B12 deshalb zwingend zusätzlich als Nährstoffpräparat eingenommen werden.
Wenn ihr eure Kinder vegan ernähren wollt, solltet ihr euch zuvor umfassend informieren und am besten eine Ernährungsberatung bei einem Ernährungswissenschaftler/Ökotrophologen oder einem Diätassistenten in Anspruch nehmen. Ihrer Gesundheit zuliebe, solltet ihr darüber hinaus mindestens einmal jährlich den B12-Wert der Kinder bestimmen lassen und euch eng mit eurem Kinderarzt über die Ernährung abstimmen.

Fett, Zucker & Co.

Macht Fett fett und ist Zucker böse? Viele Eltern stellen sich diese Fragen. Auch das Angebot an speziellen, vermeintlich gesunden Kinderprodukten und der Plausch mit anderen Eltern (»Zucker haben wir komplett verbannt, dieses Teufelszeug. Man kann ja überall lesen, wie schädlich das ist …«) trägt nicht gerade zur Entspannung bei. Und schon fragt man sich: Dürfen wir jetzt nur noch naschen, wenn die Kinder im Bett sind? Ist der Sonntagskuchen für die nächsten Jahre gestrichen? Kinder lernen schließlich am elterlichen Vorbild …

Und genau das ist der Punkt. Kinder lernen am Vorbild. Also liegt es an uns Eltern, auch im Bereich Zucker und Fett Vorbild zu sein. Fakt ist: Kommen ständig zucker- und fettreiche Lebensmittel auf den Tisch, können Übergewicht und Karies die Folge sein. Aber Schokolade, Chips und Eis gehören zum (Familien-)Leben nun mal dazu.

Es gibt keinen Grund, Pommes, Limonade oder Süßigkeiten zu verteufeln, zu vermeiden oder nur heimlich zu konsumieren. Zumal Verbote einen zusätzlichen Reiz auslösen. Und wenn es das Verbotene dann beispielsweise auf einem Kindergeburtstag gibt, verschlingen die Kids möglicherweise so viel davon, dass ihnen schlecht wird. Sinnvoller ist es deshalb, Kindern einen bewussten Umgang mit Süßigkeiten und Knabbereien vorzuleben, sodass sie diese als etwas Besonderes empfinden, das es eben nur manchmal gibt.

Die Faustregel lautet: So viel, wie in die Kinderhand passt. Ein kleines Stück Kuchen, eine Handvoll Gummibärchen, ein kleines Eis, eine Handvoll Chips sind ab und zu erlaubt. Und wird es mal mehr, zum Beispiel am Geburtstag, ist das auch kein Beinbruch. Schließlich genießen wir alle gerne und schlagen manchmal eben auch über die Stränge. Auch das gehört zum (Familien-)Leben einfach mit dazu.

Klar, das Ganze ist eine Gratwanderung. Wir versuchen in unserer Familie, keinen besonderen Fokus auf das Thema zu legen. Haben wir Lust auf ein Eis, kriegen die Kinder auch eins. Gibt es Kuchen, sitzen wir alle an einem Tisch und essen gemeinsam. Emilian ist noch sehr klein und es kann sich alles ändern. Bislang jedoch fragt er, wenn er Süßigkeiten findet, ob er sie essen darf. Wir entscheiden dann, ob gleich, später oder morgen. Auch bei den Mahlzeiten setzen wir Zucker nur sparsam ein. Zwar mögen es unsere Kinder wie alle anderen auch gern süß, ein wenig Süße reicht ihnen aber, um zufrieden zu sein.

Fertigprodukte

EXKURS

Fertigprodukte sind Fluch und Segen zugleich: ein Segen, wenn es mal richtig schnell gehen muss oder wenn man einfach keine Lust zum Kochen hat, ein Fluch, weil sie uns verführen, gar nicht mehr selbst den Kochlöffel zu schwingen.

Dauerhaft sind Fertigprodukte auf jeden Fall nicht zu empfehlen, denn sie enthalten in der Regel zu viel Fett, zu viel Salz und zu viel Zucker. Zudem stecken häufig jede Menge Aroma- und Zusatzstoffe darin. Der Geschmackssinn verändert sich durch den ständigen Verzehr von Fertigprodukten und der Körper gewöhnt sich an die großen Mengen Salz und Zucker und verlangt dann auch danach. Speisen, die nicht so süß oder salzig und damit gesünder sind, schmecken dann schnell fade.

Gegen unverarbeitetes Tiefkühlobst und -gemüse ist hingegen nichts einzuwenden. Das sind schnelle Helfer in der Familienküche, die noch immer einen hohen Vitamingehalt haben und die ihr mit gutem Gewissen nutzen könnt. Wenn es doch einmal Tiefkühlpizza oder ein Fertignudelgericht gibt, könnt ihr das schnell mit etwas frischem Gemüse aufpeppen, um wenigstens ein paar Vitamine mehr dabei zu haben.

EXKURS

Kinderlebensmittel

Kinderlebensmittel suggerieren Eltern, dass die Produkte auf die gesunde Entwicklung und die Bedürfnisse ihres Kindes abgestimmt sind. Leider stecken auch in diesen Lebensmitteln häufig viel Zucker, Fett und Salz. Auch Fruchtsüße ist Zucker und insbesondere gesättigte Fettsäuren brauchen Kinder nur in sehr kleinen Mengen. Oftmals sind diese Produkte zudem mit Nährstoffen angereichert. Das ist jedoch unnötig, in manchen Fällen nehmen die Kinder dann sogar zu hohe Mengen an bestimmten Vitaminen und Mineralstoffen zu sich.

VERZICHTET BESSER AUF ANGEREICHERTE PRODUKTE. SOLLTE EUER KIND EINEN ERHÖHTEN NÄHRSTOFFBEDARF HABEN, KLÄRT INDIVIDUELL MIT DEM KINDERARZT, WELCHE ERNÄHRUNG RICHTIG IST. WIE BEI ALLEN VERARBEITETEN LEBENSMITTELN GILT AUCH BEI KINDERLEBENSMITTELN: LEST DIE ZUTATENLISTE – JE KÜRZER, DESTO BESSER!

Obst & Gemüse – so schmeckt es Kindern

WIR HABEN DAS GLÜCK, DASS UNSERE KINDER VIELE VERSCHIEDENE SORTEN OBST UND GEMÜSE ESSEN.

Wir haben uns aber auch bemüht, ihnen von klein auf vieles anzubieten und sie immer alles probieren zu lassen. Sätze wie »Das magst du bestimmt nicht« versuchen wir zu vermeiden. Stattdessen sagen wir: »Man muss nicht alles mögen, aber alles probieren.« Und so hat Emilian mit einem Jahr schon genüsslich rohe Spargelstangen geknabbert, die konnte er auch schon prima selber halten.

Außerdem spielen Obst und Gemüse auch auf den Tellern von uns Erwachsenen die Hauptrolle. Und was wir Eltern gerne mögen, essen meist auch die Kinder bereitwillig. Allerdings lernen Kinder auch von anderen Kindern. Dann heißt es schon mal: »Mama, kann ich morgen Kiwi mitnehmen? Ich habe heute bei Michel probiert und die war soooo lecker.« Es kann aber auch das genaue Gegenteil passieren: »Mama, ich mag doch keinen Brokkoli.« Nur weil vielleicht der beste Kindergartenfreund gerade auch keinen mag.

Wir haben die Erfahrung gemacht, dass Letzteres eine vorübergehende Erscheinung ist. Und im Familienurlaub, weit weg von den Kindergartenfreunden, wird dann plötzlich der Brokkoli aus der Sauce gepickt – nicht um ihn auszusortieren, sondern um ihn als Erstes zu verschlingen.

Aber auch wir wenden ein paar Tricks an, um unseren Kindern Obst und Gemüse schmackhaft zu machen:

- ★ Auf dem Esstisch steht immer eine große Schale mit Obst und Gemüse. Beides ist also stets präsent und kommt bei jeder Mahlzeit auf den Teller.

- ★ Es gibt keinen Zwang, irgendetwas zu essen, was man nicht mag. Aber wir möchten, dass alles probiert wird.

- ★ Wir braten keine Extrawürste. Zur Not gibt es dann halt einfach auch mal nur Reis oder Kartoffeln pur.

★ Beim Einkaufen dürfen unsere Kinder sich jeweils ein Stück Obst oder Gemüse Ihrer Wahl aussuchen.

★ Wir beziehen unsere Kinder ins Kochen mit ein. Auch Zweijährige können schon mitmachen und beispielsweise Zucchinischeiben in Olivenöl marinieren. Mit den Händen in der Schüssel wühlen (und dabei die Zucchini mit Öl einreiben) macht den Kindern richtig Spaß. Und wer mitgekocht hat, dem schmeckt es dann auch noch besser.

★ Was immer gut funktioniert: Gemüse pürieren. In Suppen und Saucen fällt es so gar nicht auf. Vor allem kleinere Kinder essen dann bereitwillig mit.

★ Smoothies zum Frühstück sind der Hit. Klar, sie sind ja auch schön süß. Karotten, Avocado oder Spinat lassen sich zwischen dem süßen Obst gut verstecken. Noch ein bisschen Joghurt, gemahlene Nüsse oder Haferflocken dazu und fertig ist die Trinkmahlzeit.

★ Ältere Kinder haben Spaß daran, dem Gemüse beim Wachsen zuzuschauen. Sprossen keimen lassen, Kresse ziehen oder Tomaten und Salat auf dem Balkon anpflanzen, sie gießen und beim Wachsen beobachten ist spannend. Und wer viel Arbeit reingesteckt hat, will dann die Früchte auch ernten und kosten.

★ Im Sommer gibt es vielerorts Obstbäume am Wegesrand. Das schreit nach Fahrradtour mit Picknickdecke und Taschenmesser. Frisch vom Baum gepflückt schmeckt es einfach am besten. Auch Erdbeerfelder zum Selberpflücken laden zum Naschen ein.

★ Liebevoll verziertes Obst und Gemüse macht Kindern Lust zum Reinbeißen: Radieschenmäuse, Tomatenschlangen und Gurkenkrokodile – es gibt viele schöne Dinge, die man mit ein bisschen Fantasie gestalten kann.

★ Wir leben vor, dass Obst und Gemüse lecker ist. Morgens gibt es frisches Obst im Müsli, Rohkost oder Salat zum Abendbrot und zwischendurch Karotten oder Apfelspalten als kleine Snacks zum Knabbern. Das schmeckt uns und meistens auch unseren Kindern.

Diese kleinen Alltagstricks sollen als Anregung dienen, wenn es mit dem Obst- und Gemüsekonsum eurer Kinder nicht ganz so klappt, wie ihr euch das wünscht. Aber macht euch bloß nicht verrückt. Auch wir haben schon liebe- und mühevoll Gemüsefiguren gebaut, die dann entweder gar nicht gewürdigt oder einfach auseinandergerupft wurden. »Mama, warum soll ich ein Krokodil essen? Ich wollte doch Gurke.«

EXKURS

Gemüse ist nicht teuer

Gemüse ist immer dann am günstigsten, wenn es Saison hat. Dann ist das Angebot groß und die Transportwege sind kurz. Dadurch ist es auch besonders frisch und enthält viele Nährstoffe.

Spielt mit euren Kindern doch mal Obstdetektiv: Auf Streuobstwiesen oder an Wegesrändern stehen oft Obstbäume, die nicht abgeerntet werden. Also den Korb aufs Fahrrad schnallen und los geht's. Auf www.mundraub.org seht ihr mit ein wenig Glück, wo es bei euch um die Ecke was genau zu ernten gibt. Im Wald und auf Lichtungen wachsen beispielsweise Brombeeren und die herrlich süßen, kleinen Walderdbeeren. Also Augen und Mund auf. Aber Vorsicht: Beeren, Pilze und Kräuter nur essen, wenn ihr sie zweifelsfrei bestimmen könnt.

Günstiges Bio-Gemüse mit kleinen Schönheitsfehlern, das der Handel Bio-Bauern nicht abnimmt, gibt es zum Beispiel bei www.etepetete-bio.de. Die Box mit Gemüse kommt per Post, was drinsteckt, ist eine Überraschung. Vielleicht eine krumme Gurke, eine Kartoffel in Herzform oder eine Karotte mit Zwilling?
Wenn ihr Platz und Zeit habt, lohnt es sich auch, Gemüse selbst anzubauen. Oder erkundigt euch doch, ob es in eurer Nähe sogenannte Selbsterntefelder gibt. Ihr mietet eine Parzelle und bekommt diese komplett bestellt übergeben. Dann muss nur noch gejätet, gegossen und geerntet werden. Solche Angebote gibt es gerade in der Nähe großer Städte immer öfter. Schaut zum Beispiel einmal bei www.ackerhelden.de, wo in eurer Region solche Felder sind. Sogar gratis gibt es Obst, Gemüse und auch andere Lebensmittel bei www.foodsharing.de. Wenn für die Party zu viel Brot gekauft wurde, zu viel Salat im Garten sprießt oder andere Lebensmittel einfach übrig bleiben, können diese dort angeboten und bei Bedarf einfach abgeholt werden. Eine interaktive Karte gibt einen Überblick, was in der eigenen Region gerade zur Verfügung steht.

EXKURS

Wie wichtig ist Bio?

Uns ist Bio sehr wichtig, weil wir eine nachhaltige Landwirtschaft unterstützen wollen, die dafür sorgt, dass die Böden nicht ausgelaugt, sondern gepflegt und geschont werden, die sich darum kümmert, dass die Umwelt durch die Landwirtschaft nicht geschädigt, sondern geschützt wird. Und die sich bemüht, dass Gewässer rein bleiben und es auch den Tieren gut geht.

Natürlich haben wir auch ein besseres Gefühl, wenn wir unseren Kindern Lebensmittel anbieten, die nicht mit Pestiziden behandelt wurden. Grundsätzlich ist es aber so, dass in Deutschland Lebensmittel so streng kontrolliert werden, dass es für die Gesundheit wohl keinen nennenswerten Unterschied macht, ob ihr Bio kauft oder nicht. Allerdings sind die gesundheitlichen Langzeitfolgen einer dauerhaften Pestizidbelastung (und sei sie noch so gering) noch nicht ausreichend erforscht.

In manchen Bio-Lebensmitteln ist auch die Nährstoffzusammensetzung etwas besser als in konventionell angebauten Produkten. Für die gesunde Entwicklung eurer Kinder ist es aber vor allem wichtig, dass die Kids überhaupt regelmäßig frisches Obst und Gemüse bekommen, und dass ihr nicht so oft zu Fertigprodukten greift.

EXKURS

Saisonal einkaufen

Saisonale Produkte schonen nicht nur den Geldbeutel, sondern bringen auch das volle Aroma auf den Tisch. Denn Erdbeeren schmecken eben nur im Juni richtig süß und erdbeerig, nämlich dann, wenn sie genug Sonne abbekommen haben und am besten direkt vom Strauch in den Mund wandern. Und so wie mit den Erdbeeren ist es mit allem: Reif geerntet schmeckt's am besten.

Auch Südfrüchte haben meist eine Saison. Das merkt man in der Regel am Preis: Sind Mango, Ananas und Avocado günstiger als sonst, ist am anderen Ende der Welt gerade die richtige Saison dafür und das Angebot entsprechend hoch.

Wir essen nun schon seit drei Jahren saisonal (Schaut doch auch mal auf unserem Blog vorbei: www.ganzundgarsaisonal.de). Trotzdem schaffen wir es noch immer nicht, mit Bestimmtheit zu sagen, wann genau in welchen Ländern welche Frucht Saison hat. Das Ganze ist einfach ein sehr weites Feld. Was uns am meisten verblüfft hat, als wir anfingen, uns mit diesem Thema intensiv zu beschäftigen: Die Saison von Tomaten und Gurken in Deutschland ist verdammt kurz. Das ist schon erstaunlich, wenn man bedenkt, dass gerade diese Gemüsesorten in unseren Supermärkten rund ums Jahr verfügbar sind. Aber im August schmecken Tomaten und Gurken auch wirklich am besten. Achtet einmal darauf.

UNSER TIPP: VERSUCHT EINFACH MAL, EUCH EINE ZEIT LANG BEWUSST SAISONAL ZU ERNÄHREN. IM WINTER IST DAS ZUGEGEBENERMASSEN BESONDERS SCHWIERIG. WIR GREIFEN DANN GERNE AUF TIEFKÜHLOBST ODER IM SOMMER EINGEMACHTES GEMÜSE ZURÜCK, UM PASTINAKEN, KARTOFFELN, KÜRBISSE UND KOHL MIT EIN PAAR SOMMERAROMEN AUFZUPEPPEN.

Wenn dann der Frühling kommt, hat er eine ganz besondere Bedeutung, und wir nehmen die Saison viel intensiver wahr als früher. Bärlauch und Spargel sind die ersten Boten und dann geht es Schlag auf Schlag: Radieschen, der erste Salat, Rhabarber – und alles schmeckt einfach wunderbar und wird dankbar empfangen, weil es den Teller wieder um einiges bunter macht. Wenn eure Kinder sich damit sehr schwer tun, wird es halt nicht komplett durchgezogen. Aber zumindest eine Zeit lang darauf zu achten, was eigentlich gerade Saison hat, schärft die Wahrnehmung. Und man wird dazu gezwungen, ab und zu mal was ganz Neues und vielleicht auch Überraschendes auszuprobieren.

EXKURS

Regional denken

Wer »saisonal« sagt, der meint häufig auch »regional«. Was aber bedeutet »regional«? Und wie schaffe ich es, im Supermarkt einen Überblick zu erhalten? Ist die Milchtüte mit der hübschen Kuh auf der Weide vorne drauf mit Milch aus meiner Nachbarschaft gefüllt? Wahrscheinlich eher nicht. Fakt ist, im Supermarkt ist es schwer, Anbieter aus der Region zu unterstützen. Denn das sind meist klein- und mittelständische Betriebe, die gar nicht so viel Rohstoffe zusammenkriegen, um damit eine ganze Supermarktkette zu beliefern. Manche (Bio-)Supermärkte arbeiten mit regionalen Lieferanten und Produzenten zusammen. Häufig werden dann die örtlichen Landwirte mit ihrem Betrieb auch vorgestellt.

In einer schnell wachsenden Welt sehnt sich der ein oder andere nach Beschaulichkeit und regionaler Identität. Doch es gibt auch handfeste Gründe, um regionale Anbieter zu unterstützen. Wenn ihr auf dem Bauernmarkt, in einem Hofladen oder bei einer kleinen Manufaktur einkauft, dann unterstützt ihr direkt die Familie der Hersteller. Kauft ihr in einem Supermarkt verdienen noch etliche andere daran mit – am wenigsten jedoch bekommt der Landwirt für sein Produkt. Wenn ihr Lebensmittel aus der Region einkauft, bekommt ihr wieder ein Gespür dafür, was gerade Saison hat. Wenn ihr einen Besuch bei einem Hofladen plant, sehen die Kinder vor Ort, wie eure Lebensmittel hergestellt werden, wo das Gemüse wächst und wie die Tiere aufwachsen. Dadurch bekommen Lebensmittel wieder einen höheren Wert und ihr bekommt vielleicht Lust, auch mal das Karottengrün zu verwerten, statt es wie üblich wegzuschmeissen. Das geht deshalb gut, weil regionale Produkte häufig erntefrisch sind, denn lange Transportwege fallen weg. So schont das knackig-gesunde Gemüse auch noch die Umwelt. Wenn ihr Lust auf regionale Lebensmittel habt, könnt ihr bei www.bei-mir-um-die-ecke.de nachschauen. Die solidarische Landwirtschaft bietet Kooperationen mit Landwirten vor Ort an, Biokisten sind häufig regional und in großen Städten gründen sich immer mehr Ernährungsräte, die sich für eine regionale Ernährung einsetzen.

Wichtige Küchenhelfer

Die Kinder haben von jetzt auf gleich einen Riesenhunger und schnell muss etwas Essbares her. Damit das Familienküchenglück nicht leidet, gibt es ein paar tolle Geräte, die beim Kochen hilfreich sind.

GUTE, SCHARFE MESSER

Sie kommen an erster Stelle. Ein gutes Messer erkennt ihr daran, dass es leicht durch eine Tomate hindurchgleitet und sie sauber in Scheiben trennt. Müsst ihr hingegen mit einem stumpfem Messer hin und her säbeln, dauert das nicht nur länger, es macht auch weniger Spaß und die Verletzungsgefahr ist größer. Spart deshalb weder an der Qualität der Messer noch am Schleifen.

BESCHICHTETE TÖPFE

Ja, wir haben auch immer noch die Erbstücke von der Oma. Die tun's ja auch noch, aber man braucht halt einen Tick mehr Fett. Zumindest bei den Pfannen haben wir mittlerweile umgesattelt und auf eine gute Beschichtung geachtet. Dann reicht nämlich auch ein Teelöffel Fett zum Anbraten. Das bringt zwar keinen Zeitvorteil, spart aber Kalorien.

OFENFESTE PFANNE

Sarah hätte nie gedacht, dass wir das brauchen, aber Alex benutzt sie andauernd. Sie ist tatsächlich praktisch: alles anbraten und zum Fertiggaren in den Ofen schieben. Unser Lieblingskartoffelgratin wird zum Beispiel in der ofenfesten Pfanne gemacht. Die Kartoffeln schön kross braten und dann zum Gratinieren in den Ofen – ein Traum.

ZITRUSPRESSE

Auch sie gehört zu den Dingen, von denen Sarah immer dachte, wir brauchen sie nicht. Und jetzt ist sie sogar im Campingurlaub regelmäßig dabei: die Zitruspresse – so ein Profiding, das vor allem Barkeeper benutzen. Im Winter trinkt Sarah sehr gerne heiße Zitrone, aber sie hat selten Lust auf das Auspressen und das komplizierte Reinigen der Presse. Und dann gibt es im Zweifel halt doch keine heiße Zitrone. Mit der neuen Presse muss man nur die Zitrone aufschneiden, einlegen, einmal kräftig zudrücken und fertig. Vorstellen müsst ihr euch sie wie einen Nussknacker. Der Saft läuft direkt in die Tasse, die Kerne und das Fruchtfleisch bleiben in der Zitronenhälfte, sodass man die ausgepresste Hälfte einfach rausnimmt, in den Müll wirft und die Presse kurz abspült.

GEMÜSEHOBEL

Er hobelt in Windeseile Gemüse wie Rote Bete, Süßkartoffeln oder Pastinaken in hauchdünne Scheiben. Damit kann man dann ein Carpaccio zubereiten, die Pizza belegen oder Chips backen. Immer wenn im Rezept steht »in dünne Scheiben schneiden«, nehmen wir den Hobel. Aber Vorsicht: Er ist super scharf und hobelt mir nichts dir nichts auch den Daumen in feine Scheiben.

Das ist mal Kindergeschirr, das auch wir Eltern schön finden.

Für uns die perfekte Lösung für Kindergarten und Co.: Edelstahlbrotdosen

Der Stabmixer von Kenwood kommt bei uns sogar mit in den Urlaub.

Farbenfroh und bruchsicher – besser geht's nicht.

Alex und die ofenfeste Pfanne machen das beste Kartoffelgratin der Welt.

Jetzt dauert Zitronen-Auspressen nur noch zwei Sekunden.

Ich hätte nie gedacht, dass Sarah sich mal in ein Schneidebrett verliebt.

Ihr seid verliebt in den Häschenteller? Auf S. 235 verraten wir, wo wir ihn und die anderen tollen Helferlein her haben.

Trinken: Was und wie viel?

Unser Körper besteht zu über 50 Prozent aus Wasser. Ausreichend zu trinken, ist deshalb lebensnotwendig für uns. Geschieht das nicht, drohen Konzentrationsschwierigkeiten, Kopfschmerzen und Schwindel. Wie viel Wasser Kinder benötigen, zeigt die untenstehende Tabelle. Diese Richtwerte können sich erhöhen: An heißen Tagen, bei schwerer körperlicher Arbeit oder sportlicher Betätigung, bei Durchfall oder, wenn viel Salz im Essen steckt, muss man mehr als üblicherweise trinken. Die Auswahl an Getränken scheint schier unendlich. Doch nicht alles ist empfehlenswert. Denn so vermeintlich gesunde Produkte wie Säfte oder Smoothies enthalten viel Zucker und können auf Dauer dick machen. Bei Limonade wissen wir das sowieso.

ALTER	MENGE AN GETRÄNKEN IN LITERN PRO TAG
KINDER 1-4 JAHRE	0,8
KINDER 4-10 JAHRE	0,9–1
KINDER 10-15 JAHRE	1,2–1,3
AB 15 JAHREN	1,5

Quelle: Deutsche Gesellschaft für Ernährung

Die erste Wahl bei Getränken sollten deshalb Wasser und ungesüßte Kräuter- und Früchtetees sein. Das haben wir unseren Kindern von klein auf beigebracht und das handhaben wir auch selbst so. Leitungswasser gehört in Deutschland übrigens zu den am strengsten kontrollierten Lebensmitteln. Ihr könnt es also ohne Bedenken auch Kindern zum Trinken geben.

ABWECHSLUNGSREICH

Manchmal sind aber auch wir des Wassers überdrüssig. Wenn wir merken, dass wir nicht genug trinken, weil wir keine Lust auf Wasser haben, trinken wir Saftschorlen. Es gibt sie bei uns allerdings frühestens nach dem Mittagessen und dann in einem Mischungsverhältnis von 1:5. So schenkt sich Emilian inzwischen sein Getränk meistens auch selbst ein. So ist er es einfach gewohnt. Nehmt für eine gesunde Saftschorle immer Fruchtsaft, am besten Direktsaft. Fruchtsaft besteht nämlich zu 100 Prozent aus dem Saft und Fruchtfleisch der Früchte. Fruchtnektare, Fruchtsaftgetränke oder Fruchtsäfte aus Konzentrat enthalten hingegen zusätzlich Wasser, Aroma und teilweise Zucker. Auch die fertigen Saftschorlen aus dem Supermarkt sind oft wahre Zuckerbomben. Deshalb unser Tipp: selber mischen!

Eine Möglichkeit, Wasser aufzupeppen, ist »Infused Water«, also Wasser mit Geschmack: Dafür einfach einen Zweig Minze und ein paar Zitronenscheiben, geschnittene Melone oder Beeren ins Wasser geben. Das sieht schön aus und bringt natürliches Aroma mit. Was natürlich nicht fehlen darf sind Eiswürfel. Auch Limonade könnt ihr gut selber machen. Dann wisst ihr zumindest, was drin ist und könnt den Zuckergehalt selbst bestimmen. Für eine gesunde Limonade einfach frisches Obst oder Tiefkühlobst mit etwas Wasser in einem Mixer pürieren und mit Sprudelwasser aufgießen.

DAS SOLLTE DIE AUSNAHME SEIN

Smoothies sind unglaublich lecker. Frisch gemixt enthalten sie viele Vitamine, aber leider auch viel Zucker und viele Kalorien. Smoothies sind daher kein geeigneter Durstlöscher, sondern sollten als Zwischenmahlzeit angesehen werden. Mit ein paar Flocken oder Joghurt gemischt sind sie auch ein tolles Frühstück für Frühstücksmuffel oder »to go«.

Vorsicht ist auch geboten bei Limonaden, Softdrinks, unverdünnten Fruchtsäften und Eistees. Sie enthalten viel Zucker und teilweise auch viele Zusatzstoffe. Diese Getränke bringen nichts, außer einem kurzen Geschmackskick, Extrakilos auf der Waage und schlimmstenfalls sogar Karies. Als Durstlöscher für jeden Tag sind sie deshalb absolut ungeeignet.

Auch spezielle Kindergetränke solltet ihr kritisch unter die Lupe nehmen. Sie sind häufig angereichert mit Vitaminen und Mineralstoffen (siehe auch Seite 21) und enthalten zudem Zucker oder Zuckerersatzstoffe wie Sorbit oder Xylit, die zu Durchfall führen können. Auch von Kinderbier und Kinderkaffee raten wir ab, um Kinder nicht frühzeitig an den Geschmack dieser Genussmittel zu gewöhnen. Milch, Buttermilch, Kakao oder Trinkjoghurt sind ebenfalls keine geeigneten Durstlöscher für jeden Tag und sollten sparsam im Rahmen einer Mahlzeit oder als Zwischenmahlzeit auf den Tisch kommen. Sie enthalten neben Protein, das in zu hohen Mengen die kindlichen Nieren belastet, auch viele Kalorien und teilweise zusätzlich Zucker.

WAS TUN MIT TRINKMUFFELN

Wenn eure Kinder gar nicht gern trinken, serviert ihnen öfter mal eine Suppe und reicht als Snack wasserreiches Obst und Gemüse wie Melonen, Orangen, Ananas, Gurken und Tomaten. Auch so könnt ihr den Flüssigkeitshaushalt eures Kindes zusätzlich unterstützen.

Erinnert die Kinder zwischendurch immer wieder ans Trinken. Stellt eine große Karaffe und Gläser bereit, damit das Getränk immer greifbar ist und die Spielpause kurz bleibt. Oft trinken Kinder einfach nicht, weil sie nicht aufhören wollen zu spielen. Probiert es auch mal mit einem großen Einmachglas mit Zapfhahn. Vielleicht haben eure Kinder Spaß daran, sich selbstständig immer wieder ein Getränk zu zapfen. Außerdem solltet ihr darauf achten, dass es zu den Mahlzeiten immer ein gesundes Getränk gibt. Eine Trinkflasche gehört natürlich auch in jede Kindergarten-, Schul- oder Bürotasche.

Rituale

Rituale – da fallen einem gleich Festtage ein, zum Beispiel Weihnachten. In den meisten Familien werden an Weihnachten jedes Jahr die gleichen Dinge auf die gleiche Art und Weise getan: Mama schmückt den Baum, Papa macht Kartoffelsalat, Oma und Opa werden zum gemeinsamen Kirchgang abgeholt. Solche immer wiederkehrenden Rituale vermitteln Geborgenheit und Beständigkeit. Kinder brauchen diese Sicherheit jeden Tag, nicht nur an Weihnachten.

Bei Tisch gibt es viele Möglichkeiten, Rituale zu entwickeln. Es muss nichts Kompliziertes sein; die einfachsten Dinge reichen. Das Tischgebet etwa ist ein sehr altes religiöses Ritual. Für manche mag es zunächst befremdlich wirken, es sorgt aber dafür, dass alle, die gemeinsam am Tisch sitzen, kurz innehalten und wertschätzen, dass sie zusammen sind und dass es gutes Essen gibt. Sich immer einen »Guten Appetit« zu wünschen und dann gemeinsam anfangen zu essen, kann ebenfalls ein kleines Ritual sein, ein kleiner Moment des Innehaltens im sonst »trubeligen« Alltag.
Rituale für jeden Tag sollten nicht zu komplex und zeitaufwendig sein, sonst ist es schwer, sie auf Dauer durchzuhalten. Damit Rituale Beständigkeit vermitteln können, sollten sie aber wirklich jeden Tag auf die gleiche Weise umgesetzt werden. Wenn sie dann doch mal vergessen werden, sind es oft die Kinder, die daran erinnern: »Halt, stopp, wir müssen noch beten.« Rituale geben Kindern Orientierung im Tagesablauf. Rituale, die gemeinsam in der Familie entwickelt wurden, stärken zudem den Zusammenhalt. Und wenn etwas immer nach dem gleichen Schema abläuft, gibt es auch weniger Streit, weil der Ablauf klar ist.

Doch auch wenn wir eigentlich wissen, dass Rituale für Kinder wichtig sind, gehen sie im hektischen Familienleben oft unter. Nehmt euch Zeit und überlegt, welche Rituale ihr schon lebt und ob vielleicht noch Raum ist, um gemeinsam neue Rituale zu schaffen. Dabei ist weniger mehr und ihr solltet maximal zwei Rituale neu einführen.

Vielleicht haben ja auch die Kinder Ideen, was sie gerne gemeinsam ausprobieren möchten. Denn Rituale müssen zu einem passen. Nur weil die befreundete Familie vor jedem Essen betet, muss das noch lange nicht das Richtige für euch sein. Vielleicht singt ihr lieber ein kurzes Lied oder jeder sagt, was ihm am heutigen Tag am meisten Spaß gemacht hat.

Unsere Rituale

Rituale sind die kleinen Dinge, die eine Familie besonders machen. Sie geben euren Kindern Sicherheit in einem geregelten Tagesablauf. Es ist nie zu spät, damit anzufangen, und auch die kleinsten Dinge können gut und wichtig sein. Hier könnt ihr Ideen für eure ganz eigenen Familienrituale sammeln.

Ein paar Beispiele vorab, die wir in unserer Familie schon machen oder die wir bei befreundeten Familien schon erlebt haben:

- ☐ Ein kurzes Gebet oder ein Tischspruch vor dem Essen.
- ☐ 10 Minuten vor dem Essen räumen alle auf – wer als Erster fertig ist, darf zum Beispiel die Gutenachtgeschichte aussuchen, sich als Erster auftun, beim Tischabräumen sitzen bleiben usw.
- ☐ Beim Frühstück die nächtlichen Träume erzählen.
- ☐ Beim Abendessen erzählen, was das Schönste am Tag war.
- ☐ Kurz vor dem Essen Mama oder Papa beim Abschmecken helfen.
- ☐ Sonntags macht mal Papa Frühstück (oder Mama – je nachdem, wer sonst dafür nicht zuständig ist).
- ☐ Am Geburtstag gibt es Frühstück am Bett.
- ☐ Am Geburtstag die Geburtstagstischdecke auflegen.
- ☐ In der Adventszeit zum Essen eine Kerze anzünden.

WELCHE RITUALE KENNT IHR? SCHREIBT ODER ZEICHNET DIESE ALLE AUF UND VIELLEICHT

FALLEN EUCH RITUALE EIN, DIE IHR GERNE ZU HAUSE EINFÜHREN WOLLT.

Was nie ausgehen darf: UNSERE TOP 10

ES IST GEMEIN, UNS NACH DEN TOP-10-LEBENSMITTELN AUS UNSEREM VORRATSSCHRANK ZU FRAGEN.

Das ist, als ob man einen Musiker nach seinem Lieblingslied fragen würde. Wir mögen so vieles, und was gerade Hochkonjunktur hat, ändert sich auch immer wieder. Die absoluten Highlights und Dauerbrenner, die bei uns niemals fehlen, findet ihr aber nun hier. Die Reihenfolge hat keine Bedeutung:

NÜSSE UND SAMEN

Wir haben immer eine reiche Auswahl an Nüssen, Kernen und Samen da. Dazu gehören Haselnüsse, Walnüsse, Pekannüsse, Erdnüsse, Sesamsamen, Sonnenblumenkerne, Kürbiskerne, Leinsamen, Chiasamen, Pistazien, Mandeln … Warum? Zum einen enthalten die kleinen Kraftpakete jede Menge Nährstoffe wie Kalzium, Eisen, Magnesium, Vitamin E und Proteine, zum anderen sind sie vielseitig einsetzbar: Im Müsli, als Crunch auf Suppe und Salat, im Curry oder im Nachtisch, als gesunder Snack oder als kleine Überraschung in der Brotzeitdose.

MEHL

Ohne Mehl geht bei uns nicht viel. Ein gelungenes Wochenende ist für Alex oft damit verbunden, dass er einen Kuchen oder ein Brot gebacken hat. Manchmal setzt er abends noch einen Teig an, heizt morgens, während er duscht, den Ofen an und weckt uns dann mit dem Duft von frisch gebackenen Brötchen. Viele unserer Lieblingsgerichte enthalten ebenfalls Mehl: Pizza, Pfannkuchen, Quiche … Neben Weizenmehl haben wir immer auch Dinkel-, Roggen- und Buchweizenmehl vorrätig und mischen häufig Mehle miteinander, zum Beispiel ein fein gemahlenes Mehl mit einem Vollkornmehl oder einem Buchweizenmehl für die Pizza.

KLEINE KÖRNER

Quinoa, Couscous, Hirse und Bulgur haben wir neben Reis immer zu Hause. Das bringt Abwechslung in die Getreideküche. Warum statt Risotto nicht mal Hirsotto machen? Und Couscous ist der Standard in der Blitzküche: Einfach mit heißem Wasser aufgießen und 10 Minuten quellen lassen.

NUDELN

Wie oft haben uns Nudeln gerettet. Nudeln mag so ziemlich jedes Kind. Nudeln gehen schnell, machen satt und glücklich. Nudeln sind einfach die Besten. Am allerschnellsten: Nudeln mit Pesto. Toll zum Vorbereiten, Mitnehmen oder als Resteverwertung: Nudelsalat. Auch schnell und ein kleiner Abwasch: One-Pot mit Nudeln. Für kalte Wintertage: Nudelsuppe.

HÜLSENFRÜCHTE

Mais, Bohnen, Kichererbsen – etwas davon sollte man immer auf Vorrat haben. Hülsenfrüchte passen in den Salat, die Suppe, den Auflauf, in den Brotaufstrich… Sie machen satt, fördern die Verdauung und enthalten viel Protein. Einziger Nachteil: Nach dem Genuss müsst ihr wahrscheinlich verstärkt lüften. Hülsenfrüchte kommen bei uns häufig aus dem Glas. Ja, die schmecken anders, als wenn sie stundenlang eingeweicht und weich gekocht werden, aber dafür geht die Zubereitung viel schneller.

TOMATEN

Ob stückig oder passiert, mit oder ohne Kräutern ist völlig egal. Hauptsache ihr habt ein paar Dosen, Gläser oder Tetrapaks Tomaten zu Hause. Die kommen in die Tomatensauce, auf die Pizza, in den Nudelauflauf, ins Chili … Tomaten sind einfach essenziell in der schnellen Küche.

KOKOSMILCH

Wir benutzen sie andauernd. Und wir nehmen Bio-Kokosmilch, bei der sich der feste Teil oben absetzt. Dieses Kokosfett könnt ihr auch zum Anbraten benutzen. Kokosmilch passt gut in Thai-Gerichte und in die indische Küche. Wir machen vor allem schnelle Currys damit: Gemüse und Gewürze in einen Topf, Kokosmilch dazu, 20 Minuten köcheln lassen, fertig.

TIEFKÜHLOBST UND -GEMÜSE

Schnelle Limonade? Farbtupfer im Müsli? Füllung für die Quiche? Nudelsauce? TK-Obst und Gemüse machen euch flexibel und es verdirbt nichts im Kühlschrank, wenn sich die Kochpläne doch mal ändern. Nährstoffe stecken viele drin, und im Winter sind ein paar sommerliche Beeren auf dem Müsli eine echte Wohltat.

PESTO

Nudeln mit Pesto haben uns und unsere vor Hunger quengeligen Kinder schon so oft in Windeseile glücklich gemacht, dass mindestens ein Glas immer in unserem Vorratsschrank steht. Mit ein bisschen Muße und Vorbereitung könnt ihr blitzschnell selbst ein Pesto kreieren: Kräuter, Nüsse, Öl, Parmesan nach Belieben, fertig.

KRÄUTER UND GEWÜRZE

Schmeckt es mediterran, orientalisch, asiatisch? Kräuter und Gewürze sind entscheidend für das Aroma eines Gerichts und nehmen uns mit auf Geschmacksreise. Milchreis schmeckt mit Zimt einfach besser, so wie die Nudelsauce mit italienischen Kräutern und das Curry mit Garam Masala. Außerdem kann man mit Kräutern und Gewürzen im Essen am Salz sparen.

Geschmacksbildung

Kinder haben eine Vorliebe für Fettes und Süßes. Das zu mögen, müssen wir ihnen also nicht beibringen. Vielmehr sollten sie einen maßvollen Umgang mit diesen Leckereien lernen. Sauer und bitter hingegen mögen Kinder nicht von Geburt an und müssen an diese Geschmacksrichtungen erst herangeführt werden.

Dabei fällt die Entscheidung für »mag ich« oder »mag ich nicht« nicht nur durch das Probieren. Auch die Atmosphäre muss stimmen. Wer sitzt mit am Tisch? Wie ist die Stimmung? Wer isst was? Wie fühle ich mich? Ungezwungenes Kosten in entspannter Stimmung ist der beste Weg, um auf den Geschmack zu kommen.

GESCHMACK IST KULTUR UND IDENTITÄT

In unserer Familie essen morgens alle gerne Müsli, mal warm als Porridge, mal kalt mit Milch oder Joghurt, aber immer mit Obst. Wenn wir Lust auf ein herzhaftes Frühstück haben, gibt es Ei, Brot oder Brötchen. Gäbe es bei uns morgens ein herzhaftes Curry, würde das sicher zu Protest, zumindest aber zu großer Verwunderung führen. In Thailand hingegen würden wir Begeisterung ernten. Geschmack ist nämlich auch Teil der kulturellen Identität und wird durch Gewohnheiten geprägt. Böten wir asiatischen Kindern Milch mit Müsli an, würden die vermutlich wiederum ganz schön komisch schauen.

An ein Beispiel kann sich bestimmt jeder erinnern: Der erste Kaffee oder auch das erste Bier hat nicht geschmeckt – viel zu bitter. Wir gewöhnen uns an ungewohnte Geschmäcker erst, wenn wir immer und immer wieder probieren. Und: Geschmack kann sich umstellen. Wer einmal eine Weile ganz auf Zucker verzichtet – zum Beispiel während der Fastenzeit –, braucht danach nicht mehr so viel Süße. Aber Vorsicht, diese Umstellung funktioniert in beide Richtungen. In der Kinderernährung bewährt es sich, Neues mit Altbekanntem zu mischen und die Kinder so langsam an das Neue zu gewöhnen. Ihr wollt, dass die Kinder Quinoa

essen? Dann mischt Reis dazu. Ihr wollt sie an den Geschmack von Fisch gewöhnen? Dann füllt den Fisch in Cannelloni oder macht knusprige Fischstäbchen daraus.

Geschmack bildet sich durch die Freude am Probieren. Und Probieren macht vor allem dann Spaß, wenn Essen bunt und hübsch angerichtet ist, gut riecht und sich im Mund gut anfühlt. Daher lohnt sich die Mühe, Lebensmittel verschieden zuzubereiten: Probiert Zucchini roh, geraspelt oder in Spiralen geschnitten. Bietet mal gebratene Scheiben, mal gebratene kleine Würfel oder gefüllte Schiffchen an. Vielleicht mag euer Kind Zucchini, aber eben nicht in Scheiben gebraten, weil ihm die Konsistenz zu labberig ist. Wie wäre es dann erstmal mit einer pürierten Zucchinisuppe?

Und auch hier gilt: Gelassen bleiben! Wichtige Zutaten der Geschmacksbildung sind:

- ★ sich Zeit nehmen
- ★ geduldig sein
- ★ liebevoll motivieren
- ★ das Essen wertschätzen

Ein schnelles Essen zwischen Schule und Musikunterricht ist nicht gerade der ideale Moment, um geschmacklich etwas Neues kennenzulernen. Probiert das lieber gut gelaunt beim nächsten Familienpicknick.

Auch Wertschätzung gegenüber den Lebensmitteln und dem Koch spielt eine große Rolle, wenn es um Geschmacksbildung geht. Denn was uns wertvoll erscheint, dem treten wir mit Aufmerksamkeit, Respekt und Dankbarkeit gegenüber. Wo Wertschätzung mit am Tisch sitzt, hat Verschwendung keinen Platz. Dort wird gern probiert und auch ein »Vielen Dank fürs Kochen« gehört dann ganz selbstverständlich zu jeder Mahlzeit.

Frühstücksideen und PAUSENBROTE

Seeeehr fein

Ob für alltags oder sonntags – hier gibt es jede Menge süße und herzhafte Frühstücksideen für Groß und Klein, für unterwegs und daheim.

VEGETARISCH

Frühstücks-Smoothies

MANGO

2 Mangos
1 Stück Ingwer (1 cm)
2 EL Sanddornsaft
150 ml Karottensaft
1 TL Mandelmus
3 EL Haferbrei
1 EL Honig

Zubereitung: 5 Minuten – Zutaten für 4 Portionen

★ Mangos und Ingwer schälen bzw. vom Stein lösen und in grobe Stücke schneiden. Alle Zutaten mit 200 ml Wasser in einem Standmixer cremig pürieren.

KOKOS

1 kleine Ananas
1 Honigmelone
200 ml Kokosmilch
2 EL Haferschmelzflocken oder Haferbrei
2 Soft-Datteln

Zubereitung: 5 Minuten – Zutaten für 4 Portionen

★ Die Ananas schälen, den Strunk entfernen und das Fruchtfleisch in grobe Stücke schneiden. Die Honigmelone schälen, entkernen und grob zerkleinern. Alle Zutaten in einem Standmixer cremig pürieren.

AVOCADO

100 g Spinat
½ Zitrone
½ Avocado
1 Apfel
4 Soft-Aprikosen
1 TL Agavendicksaft

Zubereitung: 5 Minuten – Zutaten für 4 Portionen

★ Den Spinat waschen. Die Zitrone auspressen. Die Avocado schälen, entsteinen und grob zerkleinern. Den Apfel waschen, vierteln und entkernen. Alle Zutaten mit 400 ml Wasser in einem Standmixer cremig pürieren.

SCHOKO

150 g Erdbeeren
½ Banane
2 TL Kakaopulver
200 g Quark
2 EL Haselnüsse

Zubereitung: 5 Minuten – Zutaten für 4 Portionen

★ Erdbeeren waschen und putzen, Banane schälen und in grobe Stücke teilen. Alle Zutaten mit 300 ml Wasser in einem Standmixer cremig pürieren.

Tipp

Mit dem Pürierstab klappen diese Smoothierezepte auch: Die Früchte dafür sehr klein schneiden, dann alle Zutaten in einen hohen Rührbecher geben und gründlich pürieren. Für eine flüssigere Konsistenz je nach Geschmack noch etwas mehr Wasser zugeben.

VEGETARISCH

PFLAUMENMÜSLI

MIT MANDELN UND PEKANNÜSSEN

Zubereitung: 15 Minuten
Zutaten für 4 Personen

200 g Haferflocken
500 ml Milch
2 reife Pflaumen
2 Pfirsiche
500 g Quark (20 % Fett)
2 TL Ahornsirup
60 g Mandelstifte
2 EL Pekannüsse

★ Haferflocken und Milch in einen Topf geben und aufkochen lassen. Topf vom Herd nehmen und die Flocken-Milch-Mischung quellen lassen.

★ Inzwischen die Pflaumen waschen, abtrocknen, entsteinen und in dünne Scheiben schneiden. Die Scheiben auf vier Gläser à 400 ml Inhalt verteilen und hochkant entlang der Glaswand aufstellen. Die Pfirsiche waschen, abtrocknen, entsteinen und würfeln. Die Flocken-Mischung in die Gläser füllen, Quark daraufgeben, Ahornsirup darüberträufeln und Pfirsichwürfel darauf verteilen. Direkt vor dem Servieren Mandeln und Pekannüsse über das Müsli geben.

Tipp

Das Müsli lässt sich gut vorbereiten und im Kühlschrank aufbewahren. Es schmeckt auch in den Kombinationen Erdbeere-Brombeere, Himbeere-Mango oder Heidelbeere-Aprikose. Die Nüsse immer erst kurz vor dem Servieren dazugeben.

Knuspermüsli

VEGETARISCH

Zubereitung: 5 Minuten + 25–30 Minuten Backen
Zutaten für 1 Glas (etwa 800 ml Inhalt)

100 g Haferflocken
100 g Dinkelflocken
50 g Agavendicksaft
75 g Walnusskerne
50 g Sesamsamen

★ Den Backofen auf 150 °C Umluft (170 °C Ober-/Unterhitze) vorheizen. Haferflocken und Dinkelflocken in eine Schüssel geben und mit dem Agavendicksaft vermengen, mit beiden Händen kräftig durchkneten. Die Masse auf einem mit Backpapier ausgelegten Backblech verteilen und 12–15 Minuten auf der mittleren Schiene im Ofen backen.

★ Die Walnüsse hacken. Die Flockenmasse wenden, die Walnüsse dazugeben und weitere 10–15 Minuten backen. Herausnehmen und abkühlen lassen. Dann mit Sesamsamen mischen und luftdicht verschlossen aufbewahren.

VEGETARISCH

Eulen-Porridge

Zubereitung: 15 Minuten – Zutaten für 4 Personen

200 g Haferflocken
400 ml Milch
2–3TL Zimtpulver
200 g Apfelmus
½ Apfel
1 Banane
8 Heidelbeeren
4 TL Mandelblättchen

★ Haferflocken mit Milch, 400 ml Wasser und Zimt in einen Topf geben, aufkochen und 5 Minuten köcheln lassen. Das Apfelmus unterheben und alles auf vier Schälchen verteilen.

★ Den Apfel waschen, auf einer Gemüsereibe vier Scheiben herunterhobeln und diese halbieren, beide Hälften als Flügel an die Seiten auf den Porridge legen. Die Banane schälen und zwölf dünne Scheiben abschneiden. Je zwei Bananenscheiben als Augen in die Mitte legen, aus den übrigen Scheiben Dreiecke schneiden und als Nase platzieren. Die Heidelbeeren als Pupillen auf die Bananen setzen. Zuletzt die Mandeln als Federn aufschichten.

So machen wir das

Fast jeder isst gerne Knuspermüsli. Gekaufte Produkte stecken aber oft voller Zucker. Deshalb mischen wir unser Granola selbst. Es ist Bestandteil unserer Müslibar: Jeder kreiert sich dann sein Lieblingsmüsli selbst.

VEGETARISCH

OVERNIGHT-OATS

Zubereitung: 10 Minuten – Zutaten für 4 Personen

150 g Haferflocken
20 g schwach entöltes Kakaopulver
2 reife Bananen
200 g Joghurt
400 g Lieblingsfrüchte (z. B. Himbeeren, Heidelbeeren)

★ Die Haferflocken mit Kakao vermischen und in vier Schraubgläser füllen. 600 ml Wasser aufkochen und je Glas 150 ml unter die Haferflocken rühren. Die Gläser mit den Deckeln verschließen und das Ganze über Nacht im Kühlschrank quellen lassen.

★ Am nächsten Morgen Bananen schälen, in Stücke schneiden, mit dem Joghurt in einen hohen Rührbecher geben und mit dem Pürierstab fein schaumig pürieren.

★ Lieblingsfrüchte waschen, abtrocknen und gegebenenfalls in mundgerechte Stücke schneiden. Die Bananensauce über die Flocken gießen und mit den Früchten servieren.

VEGETARISCH

BASILIKUMOMELETTE

Zubereitung: 20 Minuten – Zutaten für 4 Personen

1 Knoblauchzehe
½ Bund Basilikum
75 ml Milch
4 Eier
frisch gemahlener schwarzer Pfeffer
150 g Kirschtomaten
1 EL Rapsöl
Salz

★ Den Knoblauch abziehen und hacken. Basilikum waschen, trockenschütteln und Blättchen abzupfen. Beides mit der Milch in einem hohen Gefäß mischen und mit dem Pürierstab fein pürieren. Die Eier aufschlagen und dazugeben, pfeffern und alles mit dem Schneebesen kräftig verquirlen. Die Tomaten waschen, abtrocknen und halbieren.

★ Öl in einer Pfanne erhitzen. Die Eiermasse in die Pfanne gießen und die Tomatenhälften mit der Schnittfläche nach oben darin verteilen. Zugedeckt bei geringer Temperatur 10 Minuten stocken lassen. Mit Salz abschmecken.

Tipp

Es bietet sich an, das Sushi am Vorabend vorzubereiten. So hat man morgens schnell etwas Leckeres für die Brotdosen für Kindergarten, Schule und Büro.

BROT-SUSHI

Zubereitung: 25 Minuten – Zutaten für 4 Personen

1 große gerade Zucchini
2 Karotten
40 g getrocknete Tomaten
75 g Frischkäse
frisch gemahlener schwarzer Pfeffer
4 Scheiben gegarte Putenbrust (60–80 g)
1 Scheibe Schwarzbrot
1 Sushimatte

★ Zucchini waschen, die Enden abschneiden und mit dem Sparschäler in lange breite Streifen schneiden. Die Karotten schälen und grob würfeln. Mit den getrockneten Tomaten, dem Frischkäse und Pfeffer im Blitzhacker fein pürieren.

★ Die Sushimatte mit Frischhaltefolie überziehen. Die Hälfte der Zucchinistreifen längs darauflegen. Zwei Putenbrustscheiben daraufgeben und die Hälfte der Frischkäsemasse darauf verstreichen. Dabei das obere Drittel der Matte frei lassen. Das Schwarzbrot zerbröseln und die Hälfte auf der Masse verteilen. Matte von unten her wie Sushi aufrollen, fest zusammenpressen und vorsichtig auf ein Schneidebrett legen. Mit den restlichen Zutaten eine zweite Rolle zubereiten. Rollen mit einem großen, scharfen Messer in 2 cm dicke Scheiben schneiden.

THUNFISCH-PITA

Zubereitung: 10 Minuten – Zutaten für 4 Personen

1 Frühlingszwiebel
200 g Thunfisch im eigenen Saft
125 g Quark (20 % Fett)
frisch gemahlener schwarzer Pfeffer
Salz
1 Gurke
40 g Babyspinat
4 Pita-Taschen

★ Die Frühlingszwiebel waschen, die Enden knapp abschneiden und die Zwiebel fein hacken. Mit Thunfisch und Quark in eine Schale geben und zu einer Creme verrühren, mit Pfeffer und Salz abschmecken.

★ Die Gurke waschen, längs halbieren und entkernen, anschließend in feine Scheiben schneiden. Den Spinat waschen und trockenschütteln.

★ Die Pita-Taschen toasten. Innen mit je einem Viertel der Thunfischcreme ausstreichen, Spinat und Gurke hineingeben und servieren.

STULLE

VEGETARISCH

Zubereitung: 15 Minuten – Zutaten für 4 Personen

100 g Erbsen (TK)
½ unbehandelte Zitrone
100 g Quark (20 % Fett)
Salz
frisch gemahlener schwarzer Pfeffer
8 Scheiben Lieblingsbrot
125 g Mozzarella
1 Stück Honigmelone nach Belieben

★ Die Erbsen in einen Topf mit kochendem Wasser geben, aufkochen und 2 Minuten kochen lassen, dann in ein Sieb abgießen und abschrecken. Die Zitrone heiß abspülen und die Schale abreiben. Die Erbsen in einen hohen Rührbecher geben, mit Quark und Zitronenschale mischen, fein pürieren und mit Salz und Pfeffer abschmecken.

★ Die Brotscheiben toasten. Mozzarella in Scheiben schneiden. Die Honigmelone schälen und ebenfalls in Scheiben schneiden. Die Brote mit der Erbsencreme bestreichen. Vier Brotscheiben mit Mozzarella und Melonenscheiben belegen und die restlichen vier Scheiben mit der unbestrichenen Seite nach oben darauflegen.

KRESSE-EI-STULLE

VEGETARISCH

Zubereitung: 10 Minuten – Zutaten für 4 Personen

2 hart gekochte Eier
2 Cornichons (etwa 50 g)
5 Radieschen
4 EL Quark (20 % Fett)
Salz
8 Scheiben Lieblingsbrot
½ Schale Kresse

★ Die Eier pellen und in Scheiben schneiden. Cornichons längs in sehr dünne Scheiben schneiden. Radieschen waschen, putzen und auch in Scheiben schneiden.

★ Den Quark auf vier Brotscheiben verteilen, leicht salzen und verstreichen. Radieschen, Cornichons und Eier darauflegen. Kresse abzupfen und darüberstreuen. Mit je einer unbestrichenen Brotscheibe bedecken.

Eieieiiii

Tipps

★ Erbsencreme am Abend zubereiten! Spart über 5 Min und hält im Kühlschrank 3 Tage.
★ Die Stulle schmeckt auch mit Mango und Mozzarella oder ganz klassisch mit Tomate und Mozzarella.

HIMBEERE-KOKOS
BEERE-
HASELNUSS

HEIDELBEERE-
BANANE
QUARK-
NUSS

VEGETARISCH

Marmeladentoast

BEERE-HASELNUSS

Zubereitung – 5 Minuten
Zutaten für 4 Toasts

4 TL Johannisbeeren (frisch oder TK)
4 Scheiben Toast
4 TL Beerenmarmelade
4 TL gemahlene Haselnüsse

★ Die Johannisbeeren gegebenenfalls waschen und abzupfen. Toasts rösten und mit Marmelade bestreichen. Einen Stern-Keksausstecher in die Mitte der Brote setzen und die gemahlenen Haselnüsse darin verteilen. Toasts mit Johannisbeeren verzieren.

HEIDELBEERE-BANANE

Zubereitung – 5 Minuten
Zutaten für 4 Toasts

½ Banane
4 EL Heidelbeeren
4 Scheiben Toast
4 TL Marmelade
20 g gehackte Mandelkerne

★ Die Banane schälen und längs in dünne Streifen schneiden. Die Heidelbeeren waschen und abtropfen lassen. Toasts rösten und mit Marmelade bestreichen. Die Bananenstreifen quer über die Toastscheiben legen. Dann auf der einen Seite Heidelbeeren verteilen, auf der anderen Seite Mandeln.

QUARK-NUSS

Zubereitung – 5 Minuten
Zutaten für 4 Toasts

4 Scheiben Toast
2 TL Quark (20 % Fett)
2 TL Nussmus
(z. B. Erdnuss- oder Mandelmus)
4 TL Marmelade
etwas Sesam

★ Toasts rösten. Dann gedanklich diagonal halbieren und eine Hälfte mit Quark, die andere mit Nussmus bestreichen. Einen Stern- oder Herz-Keksausstecher in die Mitte der Brote setzen und die Marmelade hineingeben. Toasts außenherum mit Sesam bestreuen.

HIMBEERE-KOKOS

Zubereitung – 5 Minuten
Zutaten für 4 Toasts

4 Scheiben Toast
1 TL Aprikosenmarmelade
20 g Himbeeren
1 TL Kokoschips
(alternativ Kokosraspel)

★ Toasts rösten und mit Marmelade bestreichen. Die Himbeeren gitternetzartig daraufsetzen und Kokoschips darüberstreuen.

VEGETARISCH

Aufstrich-Ideen

STREUSEL-NUSS

Zubereitung: 10 Minuten – Ergibt etwa 150 g
Im Kühlschrank 2–3 Tage haltbar

30 g Haselnusskerne
100 g Quark
4 Scheiben Brot
1 EL bunte Zuckerstreusel
2 EL Heidelbeeren

★ Die Haselnüsse in einer Pfanne ohne Fett rösten, bis sie zu bräunen und aromatisch zu duften beginnen. Dann in den Blitzhacker geben und fein mahlen. Haselnüsse mit Quark mischen. Auf die Brote verteilen und verstreichen. Mit Zuckerstreuseln und Heidelbeeren bestreut servieren.

AVOCADO

Zubereitung: 50 Minuten – Ergibt etwa 250 g
Im Kühlschrank 3–4 Tage haltbar

2 reife Avocados
½ Bund Basilikum
½ Zitrone
60 g getrocknete Tomaten

★ Die Avocados halbieren, entsteinen, das Fruchtfleisch mit einem großen Löffel herausheben und grob in Stücke schneiden. Basilikum waschen, trockenschütteln und die Blättchen abzupfen. Die Zitrone auspressen.

★ Zitronensaft mit Avocado, Basilikum und getrockneten Tomaten in den Blitzhacker geben und stückig pürieren. Wenn die Masse zu fest ist, etwas Wasser zufügen.

APFEL-RADIESCHEN

Zubereitung: 10 Minuten – Ergibt etwa 500 g
Im Kühlschrank 3–4 Tage haltbar

1 Apfel
1 kleine Zucchini
1 Bund Radieschen
10 Zweige Thymian
175 g Frischkäse
Salz
frisch gemahlener schwarzer Pfeffer

★ Apfel, Zucchini und Radieschen waschen. Den Apfel vierteln, entkernen und grob klein schneiden. Die Enden von Zucchini und Radieschen abschneiden, Zucchini und Radieschen klein schneiden. Thymian waschen, trockenschütteln und die Blättchen abzupfen. Alles in den Blitzhacker geben und fein hacken.

★ Frischkäse in eine Schale geben, mit der Apfel-Zucchini-Masse vermengen und mit Salz und Pfeffer abschmecken.

LINSEN-SELLERIE

Zubereitung: 25 Minuten – Ergibt etwa 600 g
Im Kühlschrank 1 Woche haltbar

½ Knolle Sellerie
Salz
100 g rote Linsen
2 TL Tomatenmark
40 g Olivenöl
1 Msp. Chilipulver
1½ TL Schnittlauchröllchen

★ Die Sellerieknolle schälen und klein würfeln. Mit den roten Linsen in einem Topf mit 400 ml Salzwasser zum Kochen bringen und bei geschlossenem Deckel 15 Minuten köcheln lassen.

★ Linsen und Sellerie abgießen und abtropfen lassen, dann in den Blitzhacker geben. Tomatenmark, Olivenöl, etwas Salz und Chili zugeben und fein pürieren. Schnittlauchröllchen unterheben.

VEGETARISCH

FRÜHSTÜCKS-BRÖTCHEN MIT HEIDELBEEREN

Zubereitung: 20 Minuten + über Nacht ruhen + 30 Minuten backen
Ergibt 6 Stück

- 250 g Weizen- oder Dinkelmehl
- 40 g Zucker
- 1 Prise Salz
- 3 Eier
- 5 g frische Hefe
- 110 g zimmerwarme Buttermilch
- 40 g zimmerwarme Butter (+ etwas für die Form)
- 50 g Walnusskerne
- 150 g Heidelbeeren (TK)
- 75 g kernige Haferflocken
- 1 Muffinform für 6 Muffins

★ Das Mehl mit Zucker und Salz in einer Schüssel vermischen. Ein Ei dazugeben und kurz mit den Knethaken des Handrührgeräts verkneten. Dann die Hefe darüberbröseln und die Buttermilch, das zweite Ei und die Butter darübergeben. Alles zunächst mit dem Handrührgerät und anschließend mit den Händen 8–10 Minuten kräftig durchkneten. Den Teig an einem warmen Ort abgedeckt 1 Stunde ruhen lassen. Inzwischen die Walnüsse grob hacken.

★ Den Hefeteig nochmals kräftig durchkneten und dann auf einer bemehlten Fläche zu einem 20 x 30 cm großen Rechteck ausrollen. Gehackte Walnüsse, Heidelbeeren und Haferflocken aufstreuen. Von der breiten Seite her aufrollen und in sechs Stücke teilen. In eine gefettete Muffinform setzen und über Nacht im Kühlschrank gehen lassen.

★ Am nächsten Morgen das dritte Ei verquirlen und die Brötchen damit bestreichen. Form in den kalten Ofen stellen und mit 180 °C Ober-/Unterhitze (Umluft ist nicht zu empfehlen) 30 Minuten backen. Je nach Geschmack und Zeit abkühlen lassen oder noch ofenwarm servieren.

So machen wir das

Unter der Woche kann man die Brötchen abends vorbereiten, in den Kühlschrank stellen und backen, während man morgens unter der Dusche steht. Vom Brötchenduft geweckt, krabbeln die lieben Kleinen dann ganz freiwillig aus dem Bett.

VEGETARISCH

FRÜHSTÜCKS-ZUPFBROT

Zubereitung: 40 Minuten + über Nacht ruhen + 1 Stunde backen
Zutaten für 4 Personen

- **500 g Weizenmehl (+ etwas für die Arbeitsfläche)**
- **50 g Zucker**
- **½ TL Salz**
- **110 g Butter**
- **1 Ei**
- **10 g frische Hefe**
- **220 ml zimmerwarme Milch**
- **½ TL Zimt**
- **3 EL Lieblingsmarmelade**

★ Das Mehl mit Zucker und Salz in einer Schüssel vermischen. 80 g Butter und das Ei dazugeben und kurz mit den Knethaken des Handrührgeräts verkneten. Dann die Hefe darüberbröseln und die Milch darübergießen. Alles zunächst mit dem Handrührgerät und anschließend mit den Händen 8–10 Minuten kräftig durchkneten. Den Teig abgedeckt über Nacht im Kühlschrank gehen lassen.

★ Morgens den Backofen auf 200 °C Ober-/Unterhitze (Umluft ist nicht zu empfehlen) vorheizen. Den Hefeteig nochmals kräftig durchkneten und anschließend auf einer bemehlten Fläche quadratisch ausrollen. Den Teig in 30 Quadrate à 8 x 8 cm schneiden. Die restliche Butter in einem kleinen Topf schmelzen und mit dem Zimt vermischen.

★ Die Quadrate abwechselnd mit Zimtbutter und Marmelade bestreichen. Hintereinander stehend in eine Kastenform (etwa 20 x 10 cm) setzen, sodass auf eine bestrichene Seite immer eine unbestrichene folgt. Die unbestrichenen Quadrate zeigen zum Rand der Backform. 1 Stunde im Ofen auf der mittleren Schiene backen und ofenwarm servieren.

So machen wir das

Am besten schmeckt das Frühstückszupfbrot frisch aus dem Ofen. Sollte einmal etwas übrig bleiben, kann man es später auf den Toaster legen – bei uns ist das noch nie passiert.

Erprobt & LECKER

Hier findet ihr Klassiker, mit denen man bei den meisten Kindern nichts falsch machen kann. Aber wir haben noch extra Gemüse versteckt.

VEGETARISCH

GEMÜSESUPPE

1 Bund Suppengemüse (Lauch, Karotten, Sellerie)
1 Zucchini
1 kleine Paprika
4 Wiener Würstchen
1 EL Öl
1,2 l Gemüsebrühe
200 g schnell garender Reis (z. B. 10-Minuten-Reis)
100 g Erbsen (TK)
frisch gemahlener schwarzer Pfeffer
2 EL TK-Kräuter (z. B. 7 Kräuter)
4 Holzspieße

Zubereitung: 30 Minuten – Zutaten für 4 Personen

★ Die Karotten und den Sellerie schälen und in feine Streifen schneiden. Den Lauch längs halbieren, waschen und in feine Ringe schneiden. Die Zucchini waschen und in Stifte schneiden. Die Paprika waschen, entkernen und in feine Streifen schneiden.

★ Die Würstchen längs auf je einen Holzspieß stecken. Nun oben beginnend mit schräg angesetztem Messer mit einer Breite von etwa 1 cm spiralförmig einschneiden. Die Spiralen anschließend leicht auseinanderziehen.

★ Öl in einem großen Topf erhitzen. Suppengemüse darin 2 Minuten scharf anbraten. Mit heißer Brühe aufgießen, den Reis zugeben und 7 Minuten köcheln lassen. Erbsen, Pfeffer, Kräuter und die Würstchenspieße zugeben und 3 Minuten ziehen lassen. Zum Servieren die Würstchenspieße aus dem Topf nehmen und über die Schalen legen.

KÜRBISSUPPE

1 Hokkaido-Kürbis
2 Zwiebeln
2 EL Rapsöl
200 ml Apfelsaft
1 l Gemüsebrühe
3 EL Apfelessig
Salz
schwarzer Pfeffer
4 EL gemahlene Haselnusskerne
4 TL Honig

Zubereitung: 30 Minuten
Zutaten für 4 Personen

★ Den Kürbis waschen, vierteln, entkernen und grob würfeln. Die Zwiebeln abziehen und würfeln. Öl in einen großen Topf geben und Zwiebeln und Kürbis darin anbraten, dann mit Apfelsaft und Brühe ablöschen. Mit geschlossenem Deckel unter gelegentlichem Rühren 20 Minuten köcheln lassen. Vom Herd nehmen und cremig pürieren.

★ Apfelessig unterrühren und mit Salz und Pfeffer abschmecken. Mit Haselnüssen bestreuen und mit Honig beträufelt servieren.

Und wer kann was?

KLEINEN KINDERN HILFT DIE MORGEN-ROUTINE:

Anziehen, Bett machen, frühstücken, Zähne putzen, Schuhe anziehen.

GRÖSSERE KINDER MÜSSEN AN »IHRE« AUFGABEN IM HAUSHALT ERINNERT WERDEN:

Schmutzwäsche in den Wäschekorb, Zimmer aufräumen, Blumen gießen, Spülmaschine ausräumen. Damit man seine Kinder weder über- noch unterfordert, hier einige Beispielaufgaben für Kinder in verschiedenem Alter:

2-3-jährige

- [ ] Spielzeug aufräumen
- [ ] Sich mit Hilfe selbst anziehen
- [ ] Schmutzwäsche in den Wäschekorb legen
- [ ] Den eigenen Essplatz abräumen
- [ ] Teig rühren und kneten
- [ ] Kekse ausstechen
- [ ] Zutaten vermischen

4-6-jährige

- [ ] Kleidung selbst zusammensuchen
- [ ] Bett machen
- [ ] Tisch decken und abräumen
- [ ] Blumen gießen
- [ ] Spülmaschine einräumen
- [ ] Abtrocknen
- [ ] Zutaten abwiegen
- [ ] Weiches Obst und Gemüse klein schneiden

Ab 10

- [ ] Wäsche aufhängen
- [ ] Einkäufe wegräumen
- [ ] Fenster putzen
- [ ] Post wegbringen
- [ ] Wäsche sortieren und wegräumen
- [ ] Kurze Zeit auf die Geschwister aufpassen
- [ ] Einfache, warme Gerichte kochen, z.B. Nudeln mit Sauce, Rührei
- [ ] Teige mit dem Mixer herstellen
- [ ] Einfache Kuchen backen
- [ ] Smoothies machen

7-9-jährige

- [ ] Wäsche abhängen
- [ ] Staubsaugen
- [ ] Müll rausbringen
- [ ] Laub harken
- [ ] Post reinholen
- [ ] Waschbecken sauber machen
- [ ] Abwaschen
- [ ] Spülmaschine ausräumen
- [ ] Esstisch wischen
- [ ] Kalte, einfache Gerichte kochen, z.B. Quarkspeise, Tomate-Mozzarella-Salat
- [ ] Käse reiben
- [ ] Gemüse mit einem Sparschäler schälen

Jeder hilft mit!

WELCHE AUFGABEN KÖNNEN KINDER AB WELCHEM ALTER IM HAUSHALT UND BEIM KOCHEN ÜBERNEHMEN?

Diese Frage ist manchmal nicht ganz so einfach zu beantworten. Um euch einerseits einen Überblick zu geben und andererseits eine Hilfe für das Einhalten der verteilten Aufgaben, haben wir uns auf den folgenden vier Seiten eine feine kleine Hilfe ausgedacht.

DENN:
SIND DIE AUFGABEN KLAR, WERDEN SIE DOCH IMMER WIEDER VERGESSEN.

Da hilft eine kleine, hübsche Erinnerung zum Aufhängen.

Und so geht's:

1. Kopiert euch die Bastelvorlage in der gewünschten Größe und schneidet die Form mit einer Schere aus. Sucht euch Aufgaben, die die Kinder übernehmen sollen, aber immer wieder vergessen. Die Aufgaben werden in die Felder geschrieben und/oder gemalt und dann nach Belieben verziert.

2. Nun an der schwarzen Linie, die die einzelnen Kästchen voneinander trennt, bis zur oberen gestrichelten Linie einschneiden. Wie bei einem Abreißkalender habt ihr nun 7 Doppelkästchen. Jetzt die untere »fertig«-Kästchenreihe nach hinten knicken.

3. Die selbstklebende Magnetfolie (Bastelladen, Internet) in zwei ca. 2,5 cm breite Streifen schneiden. Die Länge richtet sich nach der Größe eurer Kopiervorlage. Nun dreht ihr die Kopiervorlage um. Jetzt seht ihr die weiße Rückseite und die bedruckte »fertig«-Kästchenreihe. Nun solltet ihr euch einen Streifen Pappe zurechtschneiden, der so groß ist wie der obere Abschnitt eurer Vorlage (mit der Wimpelkette und dem Vogel bis zur oberen gestrichelten Linie).

4. Den ersten Streifen Magnetfolie mit der magnetisierenden Seite nach unten etwa daumenbreit unterhalb der oberen Karte auf die weiße, unbedruckte Fläche legen. Nun den restlichen Teil mit Klebstoff ausfüllen und die Pappe über den Magnetstreifen kleben.

5. Die restliche Magnetfolie schneidet ihr in kleine Stücke, sodass sie mit der magnetisierenden Seite nach oben auf die unteren, einzelnen Kästchen passt. Auch hier braucht ihr Klebstoff, um das untere und das obere Kästchen zu verbinden.

6. Wichtig: Achtet darauf, dass der obere und der untere Magnetstreifen so angebracht sind, dass sie beim Zuklappen der Kästchenreihe aufeinanderliegen.

7. Jetzt noch aufhängen. Fertig.

1.

2.

4

7.

Fertig

FERTIG

FERTIG

Blumenkohlpüree

MIT PUTENSCHNITZEL UND PAPRIKAGEMÜSE

Zubereitung: 40 Minuten
Zutaten für 4 Personen

2 Zwiebeln
2 Paprika (etwa 400 g)
3 EL Rapsöl
350 g passierte Tomaten
Salz
1 EL edelsüßes Paprikapulver
1 Msp. Chilipulver
400 g Kartoffeln (mehligkochend)
1 Blumenkohl
50 g Mandelkerne
25 g ungesüßte, gewalzte Cornflakes (Bioladen)
4 Putenschnitzel (á 100 g)
schwarzer Pfeffer
1 EL Mehl
1 Ei
100 ml Milch

★ Die Zwiebeln abziehen und achteln. Die Paprika waschen, entkernen und in Streifen schneiden. 1 EL Öl in einer beschichteten Pfanne erhitzen, die Zwiebeln darin 3 Minuten anbraten. Paprikastreifen zugeben und weitere 2 Minuten braten. Mit passierten Tomaten ablöschen. ½ TL Salz, Paprikapulver und Chili zugeben und 30 Minuten auf kleiner Temperatur köcheln lassen.

★ Die Kartoffeln schälen und klein schneiden. Den Blumenkohl putzen, waschen und grob schneiden. Beides in einem Topf mit kochendem Salzwasser in 15 Minuten weichgaren.

★ Die Mandeln im Blitzhacker grob hacken. Die Cornflakes ebenfalls grob hacken. Mit den Mandeln mischen und in einen flachen Teller geben. Die Putenschnitzel trockentupfen, leicht pfeffern und salzen. Mehl in einen flachen Teller geben. In einem tiefen Teller das Ei verquirlen. Die Putenschnitzel erst durch das Mehl, dann durch das Ei ziehen und zuletzt in der Mandel-Cornflakes-Mischung wälzen.

★ Blumenkohl und Kartoffeln abgießen, die Milch zugeben und alles zu Püree zerstampfen.

★ Restliches Öl in einer Pfanne erhitzen und die Schnitzel darin bei mittlerer Temperatur 5 Minuten je Seite braten, bis sie knusprig und goldgelb sind. Mit Püree und Paprikagemüse servieren.

SESAMPOMMES

MIT HÄHNCHENSCHENKELN

Zubereitung: 20 Minuten + 20 Minuten backen
Zutaten für 4 Personen

- 1 kg Kartoffeln (festkochend)
- 3 EL Olivenöl
- 600 g Hähnchenhinterkeulen oder -flügel
- 2 Knoblauchzehen
- 1 unbehandelte Zitrone
- 1 EL Honig
- 3 EL Sesam
- 100 g Joghurt
- 1 EL Tahin (Sesampaste, weiß)
- frisch gemahlener schwarzer Pfeffer
- ½ Granatapfel nach Belieben
- 1 kleines Bund glatte Petersilie
- Salz

★ Den Backofen auf 230 °C Ober-/Unterhitze (alternativ Umluft) vorheizen. Die Kartoffeln waschen, abtrocknen und mit Schale in 0,5 cm dicke Stifte schneiden. Olivenöl in eine Schüssel füllen, die Stifte dazugeben und mit den Händen gleichmäßig vermischen.

★ Die Hähnchenkeulen waschen und trockentupfen. Für die Marinade den Knoblauch abziehen und fein hacken. Die Zitrone heiß abspülen, abtrocknen und die Schale abreiben. Abrieb mit Knoblauch und Honig in eine Schüssel geben und verrühren. Die Hähnchenkeulen oder -flügel gründlich mit der Marinade vermengen.

★ Zwei Backbleche mit Backpapier auslegen. Ein halbes Blech mit den marinierten Keulen belegen. Auf dem restlichen Platz luftig die Pommes verteilen. Sesam über die Pommes streuen und die Bleche in den Ofen geben. Alles in 20–25 Minuten knusprig braun backen. Nach 15 Minuten einmal wenden.

★ Inzwischen die Zitrone halbieren und auspressen. Etwa ein Viertel des Saftes in ein Schälchen geben und mit Joghurt, Tahin und Pfeffer zu einem Dip vermischen. Die Kerne aus dem Granatapfel herauslösen. Die Petersilie waschen, trockenschütteln und fein hacken.

★ Die Pommes aus dem Ofen nehmen, salzen und auf einer großen Platte anrichten, den Dip darüber verteilen. Mit Petersilie und Granatapfelkernen bestreuen. Die Hähnchenkeulen darauf anrichten und servieren.

Tipp

Das Backpapier kommt in die Pfanne, weil man Fett spart und der Fisch trotzdem nicht am Pfannenboden kleben bleibt.

Currywurst

150 g passierte Tomaten
50 g Tomatenmark
75 ml Apfelsaft
1 TL Currypulver
Salz
1½ TL Vollrohrzucker
1 Blumenkohl
Saft von ½ Zitrone
½ TL Kreuzkümmel
4 TL Olivenöl
300 g Kastenbrot
1 EL Paprikapulver
4 Bratwürste

Zubereitung: 35 Minuten – Zutaten für 4 Personen

★ Passierte Tomaten mit Tomatenmark, Apfelsaft, Currypulver, ½ TL Salz und ½ TL Zucker aufkochen und bei kleiner Temperatur 20 Minuten einköcheln.
★ Den Blumenkohl waschen, putzen und in 1 cm dicke Scheiben schneiden. Den Zitronensaft, Kreuzkümmel, ½ TL Salz, restlichen Zucker und 1 TL Olivenöl glattrühren und den Blumenkohl darin marinieren.
★ Den Backofen auf 250 °C Umluft vorheizen. Das Brot zu Pommes schneiden. 2 TL Olivenöl mit Paprikapulver gut vermischen, Brotstifte zugeben und vermengen.
★ Ein Backblech mit Backpapier auslegen, Blumenkohl und Brotpommes darauf verteilen. 15 Minuten backen, nach der Hälfte wenden. Die Bratwürste in einer Pfanne mit dem restlichem Öl 3–4 Minuten pro Seite braten. Die Würste in Stücke schneiden und in die Sauce geben.

Risi-Bisi

400 g Kabeljaufilet
25 g gem. TK-Kräuter
40 g Butter
20 g gepuffter Amarant
50 g Haferflocken
schwarzer Pfeffer
2 Schalotten
1 EL Olivenöl
150 g Risotto-Reis
120 g gekochte grüne oder braune Linsen
750 ml Gemüsebrühe
200 g Erbsen (TK)
1 EL Bratöl
50 g ger. Parmesan

Zubereitung: 25 Minuten – Zutaten für 4 Personen

★ Den Kabeljau etwa 4 x 4 cm groß würfeln. Kräuter, Butter, Amarant, Haferflocken und etwas Pfeffer fein pürieren und auf der Oberseite der Fischstücke verstreichen.
★ Den Backofen auf 220 °C Grillfunktion vorheizen. Die Schalotten abziehen und fein würfeln. Olivenöl in einem Topf erhitzen, die Schalotten darin 1 Minute anschwitzen. Risotto-Reis und Brühe zugeben und 15 Minuten bei kleiner Temperatur köcheln lassen, dabei gelegentlich rühren. Erbsen und abgetropfte Linsen zugeben und weitere 5 Minuten köcheln lassen.
★ Bratöl auf Backpapier geben und den Fisch darauflegen, dann in einer heißen ofenfesten Pfanne 2–3 Minuten braten, in den Ofen stellen (oben) und in 5 Minuten knusprig backen. Den Parmesan unter den Reis ziehen.

VEGETARISCH

KARTOFFELGRATIN

MIT BUNTEM SALAT

Zubereitung: 45 Minuten
Zutaten für 4 Personen

25 g Butter
800 g Kartoffeln (festkochend)
200 g süße Sahne
Salz
frisch gemahlener schwarzer Pfeffer
75 g Hartkäse (z. B. Appenzeller oder Gouda)
1 Bund Radieschen
1 säuerlicher Apfel (etwa 200 g)
200 g Karotten
ca. 20 Stängel glatte Petersilie
150 g weiße Riesenbohnen (Konserve)
1 EL Rapsöl
1 TL Agavendicksaft
2 EL Apfelessig

★ Eine ofenfeste Pfanne mit der Butter ausstreichen. Den Backofen auf 220 °C Ober-/Unterhitze (200 °C Umluft) vorheizen. Die Kartoffeln gründlich waschen oder schälen. Mit dem Gemüsehobel in dünne Scheiben hobeln und fächerförmig in die Pfanne schichten. Die Sahne mit ½ TL Salz und Pfeffer verquirlen. Den Käse fein reiben.

★ Die Pfanne bei höchster Temperatur auf den Herd stellen, bis die Butter bräunt und zu knistern beginnt, die Kartoffelscheiben 4 Minuten braten lassen. Dann den Herd ausmachen, die Sahne über die Kartoffeln gießen und den Käse darüberstreuen. In 25 Minuten auf der mittleren Schiene im Ofen goldbraun backen.

★ Inzwischen für den Salat die Radieschen waschen, putzen und halbieren. Den Apfel waschen, vierteln, entkernen und grob zerkleinern. Die Karotten schälen, putzen und ebenfalls grob zerkleinern. Die Petersilie waschen, trockenschütteln und die Blättchen abzupfen. Radieschen, Äpfel, Karotten und Petersilie nacheinander im Blitzhacker fein hacken. Die Bohnen in ein Sieb geben, abspülen und abtropfen lassen.

★ Die Zutaten für den Salat längs in Streifen auf einer Salatplatte anrichten. Für das Dressing Rapsöl, Agavendicksaft, Apfelessig und ¼ TL Salz vermischen und über den Salat geben. Salat mit dem heißen Gratin servieren.

VEGETARISCH

Getränke

APFEL-MINZ-TEE

Zubereitung: 25 Minuten
Ergibt 1 Liter

15 g getrocknete Apfelringe
2 Stängel Minze
250 ml Apfelsaft

★ Die Apfelringe klein hacken. Die Minze waschen. Beides mit Apfelsaft in eine Karaffe geben. Mit 750 ml kochendem Wasser übergießen und mindestens 10 Minuten gut durchziehen lassen.

Tipp ★ Wer keine Apfelstücke in seiner Tasse mag, schenkt den Tee durch ein Sieb ein.

ERDBEERLIMONADE

Zubereitung: 10 Minuten
Ergibt 1 Liter

150 g Erdbeeren
750 ml eiskaltes Mineralwasser

★ Die Erdbeeren putzen, grob würfeln und in einen hohen Mixbecher geben. Mit dem Pürierstab pürieren, dann durch ein feines Sieb streichen. In eine Karaffe geben und mit Mineralwasser auffüllen.

ZITRONEN-BLAUBEER-WASSER

Zubereitung: 5 Minuten
Ergibt 1 Liter

½ unbehandelte Zitrone
25 g Heidelbeeren
1 Handvoll Eiswürfel

★ Die Zitrone heiß abspülen und in Scheiben schneiden. Heidelbeeren waschen. Beides in eine Karaffe geben, Eiswürfel zufügen und mit 750 ml Wasser aufgießen.

FRÜCHTE-TRAUBE-EISTEE

Zubereitung: 10 Minuten + 6 Stunden tiefkühlen
Ergibt 1 Liter

3 Beutel Früchtetee
200 ml Traubensaft

★ Den Früchtetee mit 800 ml Wasser aufbrühen und 10 Minuten ziehen lassen. Dann abseihen und kalt stellen. Den Traubensaft in Eiswürfelförmchen füllen und mindestens 6 Stunden tiefkühlen. Die Traubensaft-Eiswürfel dann auf Becher verteilen oder in eine Karaffe geben und mit dem kalten Tee auffüllen.

TEX-MEX-AUFLAUF

Zubereitung: 15 Minuten + 50 Minuten backen
Zutaten für 4 Personen

- 250 g Süßkartoffeln
- 150 g Hackfleisch
- ½ TL Bratöl
- 2 rote Paprika
- 300 g Tomaten
- 175 g Mais (Konserve)
- 175 g Kidneybohnen
- 1 kleine Limette
- Salz
- 1 Prise Chilipulver
- 2 TL gemahlener Koriander
- 2 TL gemahlener Kreuzkümmel
- ½ TL Honig
- 60 g geriebener Emmentaler
- 50 g Tortillachips
- ½ Handvoll frischer Koriander nach Belieben

★ Den Backofen auf 180 °C Ober-/Unterhitze vorheizen. Die Süßkartoffeln schälen und in 0,5 cm große Stücke würfeln. Öl in eine Pfanne geben. Das Hackfleisch darin 5 Minuten anbraten, dann herausnehmen. Die Paprika waschen, halbieren, entkernen und würfeln. Die Tomaten waschen, abtrocknen und würfeln. Mais und Kidneybohnen in ein Sieb geben, abspülen und abtropfen lassen. Die Limette halbieren und auspressen.

★ Alles zusammen mit den Gewürzen in eine gefettete Auflaufform geben und vermischen. Käse darüberstreuen und die Tortillachips in den Auflauf stecken. 40 Minuten im Ofen (Mitte) backen.

★ Koriander waschen, trockenschütteln, fein hacken und vor dem Servieren über den Auflauf streuen.

Sehr lecker ♡

Tipp

Wer wenig Lust oder Zeit hat, ersetzt die Béchamelsauce einfach durch körnigen Frischkäse. Er punktet auch mit reichlich Proteinen.

LASAGNE

MIT KÜRBIS

Zubereitung: 35 Minuten + 40 Minuten backen
Zutaten für 4 Personen

1 Zwiebel
1 Knoblauchzehe
1 EL Olivenöl
200 g Hackfleisch
½ Knolle Sellerie
2 EL Tomatenmark
200 ml Gemüsebrühe
400 g stückige Tomaten
1 kleiner Hokkaido-Kürbis (etwa 500 g)
Salz
schwarzer Pfeffer
½ Bio-Zitrone
1 TL gemahlene Fenchelsamen
20 g Butter
20 g Dinkelmehl
500 ml Milch
9–12 Lasagneplatten
60 g geriebener Emmentaler

★ Zwiebel und Knoblauch abziehen und fein hacken. Olivenöl in einer Pfanne erhitzen, Zwiebel und Knoblauch darin anschwitzen. Hackfleisch zugeben und 5 Minuten mitbraten. Sellerie schälen und in kleine Würfel schneiden. Zum Hackfleisch geben. Tomatenmark, Gemüsebrühe und Tomatenstücke zugeben, verrühren und bei kleiner Temperatur ohne Deckel 20 Minuten köcheln lassen.

★ Den Kürbis waschen, vierteln, entkernen und mit Schale fein würfeln. Kürbis in die Sauce geben und mitköcheln lassen. Die Zitrone heiß abspülen, die Schale abreiben. Abrieb und Fenchelsamen in die Sauce rühren und diese kräftig mit Salz und Pfeffer abschmecken. Den Backofen auf 180 °C Ober-/Unterhitze vorheizen.

★ Für die Béchamelsauce die Butter schmelzen. Dinkelmehl unter Rühren darin anschwitzen, die Milch zugeben und mit dem Schneebesen kräftig einrühren. Aufkochen und unter Rühren köcheln lassen, bis die Sauce andickt. Salzen und pfeffern.

★ Eine Auflaufform fetten. Den Boden mit drei bis vier Lasagneplatten auslegen. Die Hackfleisch-Kürbis-Sauce und ein wenig Béchamelsauce darübergeben, nun wieder Lasagneplatten einschichten. Dann folgen die restliche Fleischsauce, wieder Lasagneplatten und zum Schluss Béchamelsauce. Emmentaler darüberstreuen. Lasagne 40–50 Minuten auf der mittleren Schiene im Ofen backen.

GRÜNER NUDELSALAT
OFEN-GNOCCHI MIT GEMÜSE

NUDELN MIT MANGO-SAUCE
TORTELINI-SUPPE MIT KAROTTEN

VEGETARISCH

Pastagenuss

TORTELLINI-SUPPE MIT KAROTTEN

Zubereitung: 20 Minuten – Zutaten für 4 Personen

½ Knolle Sellerie
500 g Karotten
1 l Brühe
250 g frische Gemüse-Tortellini
1 EL Rapsöl
100 ml Orangensaft
Salz
schwarzer Pfeffer

★ Sellerie schälen und grob zerkleinern. Karotten schälen, Enden abschneiden und die Karotten ebenfalls grob zerkleinern. Die Brühe in einem Topf aufkochen, das Gemüse zugeben. Die Tortellini in ein Sieb füllen und über die Brühe in den Topf hängen. 10 Minuten köcheln lassen, dann das Sieb herausnehmen.

★ Die Suppe mit Rapsöl, Orangensaft, Salz und Pfeffer abschmecken und mit dem Pürierstab fein pürieren. Auf Teller verteilen, Tortellini hineingeben und servieren.

GRÜNER NUDELSALAT

Zubereitung: 20 Minuten – Zutaten für 4 Personen

300 g Nudeln
200 g Brokkoli (TK)
1 Avocado
1 Bund Radieschen
1 Zucchini
50 g Cashewkerne
1 TL Olivenöl
Salz
schwarzer Pfeffer
½ Zitrone
100 g Joghurt
1 Schale Kresse
40 g getrocknete Aprikosen

★ Die Nudeln kochen und abkühlen lassen. Den Brokkoli 5 Minuten in kochendem Salzwasser garen, abschrecken und klein schneiden. Die Avocado halbieren, Stein entfernen, Fruchtfleisch würfeln. Die Radieschen und die Zucchini waschen, putzen und in feine Scheiben hobeln.

★ Cashewkerne in einer Pfanne ohne Fett braun rösten und herausnehmen. Olivenöl in die Pfanne geben und die Zucchini darin 3 Minuten anbraten. Gelegentlich rühren, salzen und pfeffern.

★ Für das Dressing die Zitrone auspressen. Den Saft mit Joghurt, Kresse, Aprikosen und etwas Salz im Blitzhacker pürieren. Dressing mit Nudeln, Gemüse und Cashewkernen vermengen und servieren.

NUDELN IN MANGO-SAUCE

Zubereitung: 25 Minuten – Zutaten für 4 Personen

400 g Tomaten
1 Zwiebel
1 Knoblauchzehe
1 EL Olivenöl
Salz
300 g Nudeln
150 g Kichererbsen (Konserve)
½ Mango

★ Die Tomaten waschen, abtrocknen und würfeln. Zwiebel und Knoblauch abziehen und fein hacken. In einer Pfanne Olivenöl erhitzen, Zwiebel und Knoblauch darin 3 Minuten anschwitzen. Tomaten und ½ TL Salz zugeben und bei geschlossenem Deckel 15 Minuten köcheln lassen.

★ Währenddessen die Nudeln kochen. Die Kichererbsen in ein Sieb geben, abspülen und abtropfen lassen. Die Mango schälen und das Fruchtfleisch würfeln. Kichererbsen und Mango zu den Tomaten geben und 3 Minuten mitkochen. Vom Herd nehmen und die Sauce pürieren.

★ Die fertigen Nudeln in ein Sieb abgießen und mit der Tomaten-Mango-Kichererbsen-Sauce servieren.

OFEN-GNOCCHI MIT GEMÜSE

Zubereitung: 10 Minuten + 20 Minuten backen
Zutaten für 4 Personen

1 EL Öl für die Form
1 Zweig Rosmarin
1 Knoblauchzehe
250 g Kirschtomaten
200 g Brokkoli (TK)
500 g Gnocchi
125 g Mini-Mozzarella
Salz
schwarzer Pfeffer

★ Den Backofen auf 220 °C Ober-/ Unterhitze (200 °C Umluft) vorheizen. Eine runde Auflaufform mit Öl einfetten. Rosmarin waschen, trockenschütteln, die Nadeln abzupfen und fein hacken. Knoblauch abziehen und ebenfalls fein hacken. Die Kirschtomaten waschen. Brokkoli, Gnocchi, Tomaten und Mozzarellakugeln immer nebeneinander, abwechselnd und kreisförmig in die Form legen. Am Schluss mit Rosmarin und Knoblauch bestreuen.

★ Den Auflauf 20 Minuten auf der mittleren Schiene im Ofen backen. Nach Belieben mit Salz und Pfeffer abschmecken und servieren.

GELBE MAKKARONI

VEGETARISCH

MIT ERBSEN

Zubereitung: 15 Minuten
Zutaten für 4 Personen

300 g Makkaroni
½ TL Salz
200 g süße Sahne
500 ml Karottensaft
1 TL mildes Currypulver
200 g Erbsen (TK)
75 g geriebener Emmentaler

★ Makkaroni mit Salz, Sahne, Karottensaft, Currypulver und Erbsen in einen großen Topf geben und aufkochen. Bei geschlossenem Deckel 10 Minuten bei kleiner Temperatur langsam köcheln lassen.

★ Den geriebenen Emmentaler unter die fertigen Nudeln heben und heiß servieren.

LACHSRÖLLCHEN

MIT BASILIKUM UND ZITRONE

Zubereitung: 20 Minuten + 20 Minuten backen
Zutaten für 4 Personen

1 kleines Bund Basilikum
500 g Lachsfilet
1 unbehandelte Zitrone
2 Frühlingszwiebeln
200 g Schmand
frisch gemahlener schwarzer Pfeffer
4 Weizentortillas (soft)
1 TL Agavendicksaft
100 g Parmesan

★ Den Backofen auf 200 °C Ober-/Unterhitze (180 °C Umluft) vorheizen. Das Basilikum waschen, trockenschütteln und die Blätter abzupfen. Lachsfilet waschen, trockentupfen und in grobe Stücke schneiden. Die Zitrone heiß abspülen, abtrocknen, die Schale fein abreiben und den Saft auspressen. Die Frühlingszwiebeln waschen, die Enden abschneiden und Zwiebeln in grobe Stücke schneiden.

★ Lachsstücke, Zitronenabrieb und Frühlingszwiebeln mit 100 g Schmand in den Blitzhacker geben und zu einer Farce pürieren. Kräftig mit Pfeffer würzen. Tortillas mit jeweils einem Viertel der Fischfarce bestreichen. Basilikumblätter darüberstreuen und eng aufrollen. Eine rechteckige Auflaufform mit Backpapier auslegen und die Tortillas hineinlegen.

★ Für die Sauce Zitronensaft mit dem restlichen Schmand und Agavendicksaft verrühren. Die Sauce über die Tortillas geben und gleichmäßig verstreichen. Den Parmesan reiben und darüberstreuen. Lachsröllchen 20 Minuten auf der mittleren Schiene im Ofen goldbraun backen, dann vorsichtig aus dem Ofen nehmen und servieren.

Kartoffelpizza

MIT BÄRLAUCH

Zubereitung: 20 Minuten + 2 Stunden ruhen + 20 Minuten backen
Zutaten für 4 Personen

150 g Weizenvollkornmehl
200 g Weizenmehl
1 Prise Zucker
½ TL Salz
5 g frische Hefe
2½ EL Olivenöl
250 g Kartoffeln (festkochend)
100 g Kochschinken
125 g Mozzarella
15 g Bärlauch (alternativ Rucola)
100 g Lieblingspesto

★ Das Mehl mit Zucker und Salz in eine Schüssel geben und vermischen. Dann die Hefe darüberbröseln und 200 ml lauwarmes Wasser sowie das Öl darübergeben. Alles zunächst mit dem Handrührgerät und anschließend mit den Händen 8–10 Minuten kräftig durchkneten. Den Teig an einem warmen Ort 2 Stunden abgedeckt gehen lassen.

★ Dann den Hefeteig nochmals kräftig durchkneten und anschließend auf einer bemehlten Fläche backblechgroß ausrollen. Teig auf ein mit Backpapier ausgelegtes Backblech legen. Den Backofen auf 220 °C Umluft (240 °C Ober-/Unterhitze) vorheizen. Die Kartoffeln schälen und auf einer Gemüsereibe in feine Scheiben hobeln. Den Kochschinken in Streifen schneiden. Den Mozzarella in Stücke zupfen. Den Bärlauch vorsichtig waschen, trockenschütteln und in feine Streifen schneiden.

★ Das Pesto auf der Pizza verstreichen, die Kartoffelscheiben darüber verteilen. Kochschinken darauflegen und Mozzarella darübergeben. Im Ofen auf der mittleren Schiene 20–25 Minuten backen. Vor dem Servieren die Bärlauchstreifen (oder den Rucola) über die Pizza streuen.

Wir kochen gemeinsam

- ☐ Heute haben wir zusammen gekocht.
- ☐ Heute haben die Kinder gekocht.
- ☐ Heute hat Papa gekocht.
- ☐ Heute hatten wir ein richtig schönes gemeinsames Essen.

Familienküchenglück eben.

HIER IST PLATZ FÜR EURE
SCHÖNSTEN FOTOS.

VEGETARISCH

NUDELFRITTATA

Zubereitung: 15 Minuten + 15 Minuten Garen
Zutaten für 4 Personen

- 1 mittelgroße Zucchini
- 50 g getrocknete Tomaten
- 1 rote Zwiebel
- 1 TL Olivenöl
- 4 Eier
- 75 g süße Sahne
- 75 ml Milch
- 50 g geriebener Parmesan
- ½ TL Salz
- frisch gemahlener schwarzer Pfeffer
- 250 g frische Tagliatelle
- 20 Stängel Basilikum

★ Die Zucchini waschen, Enden abschneiden und Zucchini auf dem Gemüsehobel in feine Scheiben hobeln. Die getrockneten Tomaten fein würfeln. Die Zwiebel abziehen, halbieren und in feine Ringe schneiden. Olivenöl in einer beschichteten Pfanne erhitzen und die Zwiebelringe darin 1 Minute anschwitzen. Dann die Zucchinischeiben zugeben und 2 Minuten mitbraten.

★ Die Eier in einem hohen Rührbecher mit Sahne, Milch, Parmesan, Salz und etwas Pfeffer verquirlen. Die Tagliatelle und die Tomatenwürfel mit in die Pfanne geben, die Eiermasse darübergießen und bei kleiner Temperatur mit geschlossenem Deckel 15 Minuten langsam stocken lassen.

★ Inzwischen das Basilikum waschen, trockenschütteln, die Blätter abzupfen und in Streifen schneiden. Frittata mit Basilikum bestreut servieren.

KÄSESPÄTZLE

MIT PASTINAKEN

VEGETARISCH

Zubereitung: 30 Minuten + 30 Minuten ruhen + 20 Minuten backen
Zutaten für 4 Personen

2 Eier
300 g Mehl (nach Belieben z. B. Dinkelmehl Type 630 oder Weizenmehl Type 550)
Salz
300 g Pastinaken
150 g mittelalter Gouda
1 EL Rapsöl
frisch gemahlener schwarzer Pfeffer

★ Für die Spätzle 175 ml Wasser, Eier, Mehl und ½ TL Salz in eine Rührschüssel geben und mit den Knethaken des Handrührgerätes verrühren. Teig 30 Minuten ruhen lassen. In einem Topf Salzwasser zum Sieden bringen und den Teig mit einem Spätzlehobel portionsweise in das Wasser geben. Sobald die Spätzle an die Wasseroberfläche aufsteigen, mit einer Schöpfkelle herausnehmen und abtropfen lassen.

★ Die Pastinaken schälen und grob raspeln. Den Backofen auf 200 °C Ober-/Unterhitze vorheizen. Sobald alle Spätzle fertig sind, die Pastinaken ins Salzwasser geben und für 2 Minuten garen, dann abgießen. Den Käse reiben.

★ Spätzle und Pastinaken in einer Schüssel mit Rapsöl mischen und leicht pfeffern und salzen. Die Hälfte in eine gefettete Auflaufform geben. Die Hälfte des Käses darüberstreuen, dann die zweite Hälfte der Spätzle und Pastinaken daraufgeben, den restlichen Käse darauf verteilen und 20 Minuten im Ofen backen.

Tipp

Wer keinen Spätzlehobel hat, kann den Teig auch durch eine Kartoffelpresse drücken. Und wenn es schnell gehen muss, schmecken auch frische Spätzle aus dem Kühlregal.

VEGETARISCH

PELLKARTOFFELN

MIT QUARK UND SPINAT

Zubereitung: 25 Minuten
Zutaten für 4 Personen

1 kg Kartoffeln (festkochend)
Salz
300 g Cocktailtomaten
200 g Mais (Konserve)
125 g Mozzarella
500 g Quark
1 EL Leinöl
frisch gemahlener schwarzer Pfeffer
300 g Babyspinat
1 Knoblauchzehe
3 TL Olivenöl

★ Die Kartoffeln im Salzwasser in 25 Minuten bissfest garen. Anschließend in ein Sieb abgießen und zurück in den Topf füllen, damit sie warm bleiben.

★ Inzwischen die Tomaten waschen, abtrocknen und halbieren. Den Mais in einem Sieb abtropfen lassen. Mozzarella in grobe Stücke zupfen. Quark und Leinöl vermischen und mit Salz und Pfeffer abschmecken. Mais, Mozzarella und Quark jeweils in ein Schälchen geben.

★ Den Spinat waschen und trockenschütteln. Knoblauch abziehen und fein hacken. Olivenöl in einer Pfanne erhitzen, den Knoblauch darin anschwitzen. Spinat zugeben und 3 Minuten schwenken. Mit Salz und Pfeffer abschmecken und ebenfalls in ein Schälchen geben.

★ Die Kartoffeln pellen, halbieren und individuell mit Quark, Mais, Tomaten, Mozzarella und Spinat garnieren.

Tipp

Das Tolle an diesem Gericht ist, dass jeder seine Kartoffel mit dem dekorieren kann, was er gerne mag. Die Varianten lassen sich nahezu endlos erweitern: getrocknete Tomaten, Nüsse, Putenstreifen, geräucherte Forelle, Paprika, Tofu, gekochtes Ei, Cornichons, Radieschen, Kresse …

So machen wir das

Die Lollis eignen sich nicht nur als Nachtisch, sondern auch für ein Picknick oder den Kindergeburtstag. Wenn etwas übrig bleibt, packen wir sie als kleine Überraschung in die Brotdose für Kindergarten, Schule oder Büro.

Tipp

Pfannkuchen lassen sich übrigens auch gut einfrieren: Dazu die Fladen am besten stapeln und jeweils ein Blatt Backpapier dazwischen legen.

Pfannkuchen-Spaß

PFANNKUCHEN-LOLLIS

VEGETARISCH

Zubereitung: 1 Stunde 10 Minuten – Ergibt 16 Stück

500 ml Milch
3 Eier
½ TL Salz
300 g Mehl
1 TL Backpulver
60 g gemahlene Nüsse
50 g Puderzucker
4 TL Rapsöl
16 Eisholzstiele

★ Milch, Eier und Salz verquirlen. Mehl und Backpulver zugeben und unterrühren, bis ein glatter, zähflüssiger Teig entsteht. Nüsse und Puderzucker vermischen.

★ Den Teig portionsweise in Öl nacheinander bei mittlerer Temperatur 3–4 Minuten pro Seite ausbacken. Dabei nach je zwei Pfannkuchen wieder 1 TL Öl in die Pfanne geben.

★ Die Pfannkuchen mit der Zucker-Nuss-Mischung bestreuen, eng aufrollen und quer in Scheiben schneiden. Diesen auf Holzstiele stecken und servieren.

PFANNKUCHEN HERZHAFT

Zubereitung: 1 Stunde 15 Minuten – Zutaten für 4 Personen

1 Handvoll frische glatte Petersilie
6 kleine Radieschen
500 g Quark (20 % Fett)
frisch gemahlener schwarzer Pfeffer
250 g Brokkoli (TK)
150 g Kochschinken
8 Pfannkuchen (s. Rezept oben)

★ Petersilie waschen, trockenschütteln und Blättchen abzupfen. Radieschen waschen und vierteln. Beides im Blitzhacker fein hacken. Herausnehmen und mit dem Quark vermischen. Mit Salz und Pfeffer abschmecken.

★ Den Brokkoli in kochendem, leicht gesalzenem Wasser 5 Minuten garen, dann in ein Sieb abgießen, abtropfen lassen und grob hacken. Den Kochschinken in Streifen schneiden.

★ Die Pfannkuchen jeweils mit 1 EL Kräuterquark bestreichen, mit Brokkoli und Schinken belegen, mit Salz und Pfeffer abschmecken und zusammenklappen.

PFANNKUCHEN-AUFLAUF VEGETARISCH

Zubereitung: 50 Minuten – Zutaten für 4 Personen

500 g Spinat (TK)
250 g Tofu
2 Zwiebeln
1 Knoblauchzehe
1½ EL Rapsöl
1 TL Paprikapulver
1 EL Apfelessig
1 TL Honig
Salz
schwarzer Pfeffer
150 g saure Sahne
65 g mittelscharfer Senf
8 Pfannkuchen (s. Rezept links)
75 g geriebener Lieblingskäse

★ Für die Füllung den Spinat auftauen lassen und in einem Sieb ausdrücken. Den Backofen auf 180 °C Ober-/Unterhitze vorheizen. Den Tofu mit Küchenkrepp trockentupfen und in 1 cm große Würfel schneiden. Zwiebeln und Knoblauch abziehen und fein hacken. Öl in einer Pfanne erhitzen und die Tofuwürfel darin 5 Minuten anbraten. Zwiebeln und Knoblauch zugeben und weitere 5 Minuten braten. Paprikapulver und Spinat zugeben. Mit Essig, Honig, Salz und Pfeffer kräftig würzen.

★ Für die Sauce die saure Sahne mit dem Senf verrühren. Die Pfannkuchen mit der Spinatmischung füllen, aufrollen und in eine gefettete Auflaufform setzen. Die Sauce darüber verteilen und den Auflauf mit Käse bestreuen. 30 Minuten auf der mittleren Schiene im Ofen backen.

PFANNKUCHENSUPPE VEGETARISCH

Zubereitung: 15 Minuten – Zutaten für 4 Personen

650 g Suppengemüse (TK)
3 TL Rapsöl
1½ l Gemüsebrühe
½ Bund glatte Petersilie
8 Pfannkuchen (s. Rezept links)

★ Das Suppengemüse in einem Sieb auftauen und abtropfen lassen. Öl in einen Topf geben und das Suppengemüse darin kurz scharf anbraten, dann mit der Gemüsebrühe ablöschen. Aufkochen und 2 Minuten ziehen lassen. Inzwischen die Petersilie waschen, trockenschütteln und fein hacken.

★ Die Pfannkuchen in 0,5 cm dicke Streifen schneiden und auf vier Suppenschüsseln verteilen. Die Suppe eingießen und mit Petersilie bestreut servieren.

Tipp

Auch die Pfannkuchenstreifen kann man prima einfrieren. Bei Bedarf gefroren mit heißer Brühe übergießen und fertig. So ist immer eine selbst gemachte Suppeneinlage zur Hand.

VEGETARISCH

Milchreis

MIT APFEL UND MANDEL

Zubereitung: 30 Minuten
Zutaten für 4 Personen

50 g Mandelstifte
500 ml Mandelmilch
100 g Milchreis
1 säuerlicher Apfel (z. B. Boskoop)
125 g Heidelbeeren

★ Mandelstifte in einem Topf ohne Öl bei mittlerer Temperatur in 5–7 Minuten unter gelegentlichem Rühren braun rösten. Die Stifte aus dem Topf nehmen, die Mandelmilch dazugießen und einmal aufkochen. Den Milchreis zugeben und bei niedriger Temperatur 15–20 Minuten garen. Zwischendurch umrühren.

★ Inzwischen den Apfel waschen, vierteln und entkernen. Apfel in 1 cm große Würfel schneiden und zum Milchreis geben. 5 Minuten auf dem ausgeschalteten Herd ziehen lassen. Heidelbeeren waschen und abtrocknen lassen.

★ Milchreis auf vier Portionsschalen verteilen und mit den Heidelbeeren und Mandelstiften dekoriert servieren.

Tipp

Der Milchreis schmeckt auch kalt super lecker. Als Früchte eignen sich zum Beispiel auch frische Brombeeren, Pfirsiche oder Kirschen.

Mal was NEUES

Couscous hört sich lustig an, sieht aus wie Reis und ist in zehn Minuten fertig. Coole Sache, das gibt's jetzt öfters.

Kokos-Kartoffel-Suppe

MIT GARNELENBÄLLCHEN

Zubereitung: 35 Minuten
Zutaten für 4 Personen

500 g Kartoffeln (mehligkochend)
1 Zwiebel
400 ml Bio-Kokosmilch
1 kleines Stück Ingwer (1 cm)
1 Stange Zitronengras
½ TL Salz
160 g Garnelen (küchenfertig)
1 Knoblauchzehe
75 g Crème fraîche
½ Handvoll frischer Koriander

★ Die Kartoffeln schälen und in mundgerechte Stücke schneiden. Die Zwiebel abziehen, halbieren und in Ringe schneiden. Von der Kokosmilch 1 EL Kokosfett abnehmen, in einem Topf erhitzen und die Zwiebelringe darin 1 Minute anschwitzen. Die restliche Kokosmilch zugeben, mit 400 ml Wasser aufgießen und die Kartoffeln dazugeben.

★ Ingwer schälen und plattklopfen. Das Zitronengras von den äußeren Blättern befreien, die Enden abschneiden und die Stange ebenfalls plattklopfen. Zwei Drittel des Zitronengrases mit dem Ingwer und Salz zur Suppe geben. Die Suppe 15 Minuten köcheln lassen.

★ Inzwischen die Garnelen in den Blitzhacker geben. Den Knoblauch abziehen und zugeben, Crème fraîche und restliches Zitronengras ebenfalls zugeben und fein pürieren. Das Zitronengras und den Ingwer aus der Suppe nehmen und die Suppe ebenfalls fein pürieren.

★ Aus der Garnelenmasse mit zwei Teelöffeln walnussgroße Bällchen formen und in die Suppe geben. Bei geringer Temperatur 5 Minuten gar ziehen lassen, dabei gelegentlich umrühren. Währenddessen Koriander waschen, trockenschütteln, die Blättchen abzupfen und fein hacken. Die Suppe auf Teller verteilen und mit Koriander bestreut servieren.

VEGETARISCH

SPINATKUCHEN

Zubereitung: 15 Minuten + 40 Minuten backen
Zutaten für 4 Personen

1 Zwiebel
1 Knoblauchzehe
250 g Spinat
250 g Magerquark
250 g Quark (20 % Fett)
3 Eier
50 g Speisestärke
½ TL Salz
frisch gemahlener schwarzer Pfeffer
1 TL Öl (zum Einfetten)

★ Den Backofen auf 180 °C Ober-/Unterhitze vorheizen. Zwiebel und Knoblauch abziehen und im Blitzhacker fein hacken. Den Spinat waschen, trockenschütteln und ebenfalls fein hacken. Den Magerquark mit Quark, Eiern, Speisestärke, Salz und Pfeffer in eine Schüssel geben und mit dem Handrührgerät gleichmäßig verquirlen. Spinat, Zwiebel und Knoblauch unterrühren.

★ Ein Backblech mit Backpapier auslegen, die Masse daraufstreichen und im Ofen 40 Minuten backen. Aus dem Ofen nehmen, in kleine Quadrate schneiden und servieren. Dazu passt ein Salat oder bunte Rohkost.

Tipp

Der flache Kuchen schmeckt auch kalt und kann prima in die Schule oder ins Büro mitgenommen werden.

CHEESECAKE

MIT GARTENGEMÜSE

Zubereitung: 25 Minuten + 2 Stunden kühlen
+ über Nacht kühlen
Zutaten für 4 Personen

200 g Vollkornbrot
70 g Butter
75 g Haselnusskerne
6 Blätter weiße Gelatine
250 g Brokkoli
2 Frühlingszwiebeln
1 EL Öl
100 g Erbsen (TK)
1 TL Honig
½ Bund glatte Petersilie
500 g Magerquark
200 g Schmand
¾ TL Salz
frisch gemahlener weißer Pfeffer

★ Für den Boden Vollkornbrot, Butter und Haselnüsse in den Blitzhacker geben und sehr fein mahlen. Eine Springform (16 cm Ø) mit Backpapier auslegen und die Masse darin verteilen, sehr fest andrücken und 2 Stunden kühl stellen.

★ Inzwischen für die Füllung die Gelatine kalt einweichen. Brokkoli waschen und sehr kleine Röschen abtrennen. Die Frühlingszwiebeln waschen, die Enden abschneiden und Zwiebeln in dünne Ringe schneiden. Öl in einer Pfanne erhitzen und Brokkoli, Frühlingszwiebeln sowie Erbsen darin 4 Minuten anbraten. Zum Schluss den Honig unterziehen und abkühlen lassen.

★ Die Petersilie waschen, trockenschütteln und die Blättchen abzupfen. Mit Magerquark, Schmand, Salz und Pfeffer in einen hohen Mixbecher geben und mit dem Pürierstab sehr fein pürieren. Die Gelatine ausdrücken, in einem Topf langsam erwärmen und schmelzen. Die Quarkmasse zur warmen Gelatine geben und mit dem Schneebesen gut verrühren. Das Gemüse auf dem Kuchenboden verteilen. Die Quark-Petersilien-Masse darübergeben und glattstreichen. Über Nacht im Kühlschrank festwerden lassen.

So machen wir das

Als Wahl-Frankfurter schmeckt uns das Törtchen auch mit den sieben Kräutern aus der berühmten Frankfurter Grünen Sauce famos. Dafür lassen wir dann die Frühlingszwiebel und den Brokkoli einfach weg.

VEGETARISCH

Selleriewaffeln

HERZHAFT UND SÜSS

Zubereitung: 25 Minuten
Zutaten für 4 Personen

1 große Knolle Sellerie (etwa 700 g)
Salz
100 g Weizenvollkornmehl
3 Eier (M)
40 g Butter
250 Quark (20 % Fett)
1 kleine rote Zwiebel
frisch gemahlener schwarzer Pfeffer
½ Bund Radieschen
½ Gurke
1 Schale Kresse
1 TL Honig
Apfelmus nach Belieben

★ Den Sellerie schälen und auf dem Gemüsehobel oder im Blitzhacker grob raspeln. Mit 1 TL Salz, Mehl, Eiern, Butter und 125 g Quark in eine Rührschüssel geben und mit dem Handrührgerät zu einem Teig verkneten.

★ Die Zwiebel abziehen und fein hacken. Den Waffelteig halbieren und unter die eine Hälfte die Zwiebelstücke heben. Diese Hälfte mit Pfeffer würzen. Beide Teighälften 30 Minuten quellen lassen.

★ Für die herzhafte Variante die Radieschen waschen, putzen und fein hacken. Gurke und Kresse waschen. Gurke halbieren, entkernen und ebenfalls fein hacken. Alles mit dem restlichen Quark und dem Honig in eine Schale geben und verrühren. Mit Salz und Pfeffer abschmecken.

★ In einem beschichteten Waffeleisen aus beiden Teighälften portionsweise Waffeln ausbacken. Die Zwiebel-Waffeln mit dem Quark servieren. Die anderen Waffeln schmecken als Nachtisch mit Apfelmus.

QUINOA-HACK-BÄLLCHEN

MIT TORTILLAS

Zubereitung: 45 Minuten
Zutaten für 4 Personen

50 g Quinoa
500 g grüner Spargel
300 g Mangold
1 Zwiebel
300 g Hackfleisch
Salz
frisch gemahlener schwarzer Pfeffer
1 Zitrone
3 TL Olivenöl
1–2 TL mildes Currypulver
4 Weizentortillas (soft)

★ Quinoa in einem Sieb heiß abspülen. Mit 100 ml Wasser in einem Topf aufkochen, erst 20 Minuten köcheln, dann 10 Minuten bei geschlossenem Deckel quellen lassen.

★ Den Spargel waschen, putzen, in 4 cm lange Stücke schneiden. Den Mangold waschen und quer in feine Streifen schneiden. Dabei die festeren Teile und Stiele von den feineren Blattspitzen trennen.

★ Zwiebel abziehen und fein würfeln. Mit Hackfleisch, ½ TL Salz, Pfeffer und Quinoa vermischen und zu walnussgroßen Bällchen formen. Zitrone auspressen. Die Hälfte des Safts mit 2 TL Öl und Curry mischen. Tortillas damit auf einer Seite bestreichen. Den Backofen auf 220 °C Ober-/Unterhitze vorheizen. Hackbällchen in einer ofenfesten Pfanne 5 Minuten scharf anbraten. In den Ofen stellen und 15 Minuten backen.

★ In einer zweiten Pfanne die Weizentortillas pro Seite 1–2 Minuten rösten, mit der bestrichenen Seite beginnen. Tortillas beiseitestellen. Restliches Öl in die Pfanne geben und den Spargel und die festen Mangoldteile unter Wenden 4 Minuten anbraten. Die Mangoldspitzen für weitere 2 Minuten zugeben, mit dem restlichen Zitronensaft ablöschen. Mit Salz abschmecken. Die Tortillas vierteln und zusammen mit dem Gemüse und den Hackbällchen servieren.

Mama mag am liebsten Pizza,
Papa am liebsten Burger und
die Kinder am liebsten Nudeln.
Falls mal wieder die Ideen fehlen -
einfach hier sammeln und später
wieder nachlesen und loskochen.

Unsere Lieblingsrezepte

Das wünsche ich mir am liebsten jeden Tag:

Das möchte ich mal am Wochenende ausprobieren:

SPAGHETTI

MIT DINKEL-BOLOGNESE

Zubereitung: 35 Minuten
Zutaten für 4 Personen

125 g Staudensellerie
200 g Karotten
1 Zwiebel
1 Knoblauchzehe
1 EL Olivenöl
400 g stückige Tomaten (Konserve)
400 ml Gemüsebrühe
1½ TL Italienische Kräuter (TK)
125 g Dinkel (schnellkochend, Bioladen)
frisch gemahlener schwarzer Pfeffer
350 g Vollkornspaghetti
50 g Parmesan

★ Sellerie und Karotten schälen, Enden abschneiden und Gemüse fein würfeln. Zwiebel und Knoblauch abziehen und fein hacken. Olivenöl in einem Topf erhitzen, Zwiebel und Knoblauch darin 1 Minute anschwitzen. Karotten und Sellerie zugeben und 3 Minuten unter Rühren mitbraten.

★ Mit Tomatenstücken und Brühe ablöschen, Kräuter unterrühren, den Dinkel zugeben. Mit Pfeffer würzen. Weitere 20 Minuten bei geringer Temperatur mit geschlossenem Deckel köcheln lassen.

★ Inzwischen die Spaghetti nach Packungsangabe kochen und den Parmesan reiben. Die fertigen Spaghetti mit der Sauce vermengen und mit Parmesan bestreut servieren.

Tipp

Statt mit schnellkochendem Dinkel schmeckt die Bolognese auch mit Perlgraupen. Dann muss die Kochzeit von 20 auf 35 Minuten erhöht werden.

Kokos-Fischstäbchen

MIT GURKEN-MANGO-SALAT

Zubereitung: 40 Minuten
Zutaten für 4 Personen

250 g Kabeljaufilet
2 EL Mehl
1 Ei
frisch gemahlener schwarzer Pfeffer
50 g Kokosflocken
1 unbehandelte Zitrone
150 g Basmatireis
Salz
1 Gurke
½ Mango
2 Stängel Dill
2 EL Rapsöl

★ Den Kabeljau waschen, trockentupfen und quer in etwa 2 x 2 cm dicke Streifen schneiden. Das Mehl in eine Schale geben, in einer zweite Schale das Ei aufschlagen und dieses mit Pfeffer verquirlen. In eine dritte Schale die Kokosflocken füllen. Die Fischstücke zuerst in Mehl wälzen, dann durch das Ei ziehen und zuletzt mit den Kokosflocken ummanteln. Die panierten Stücke 10 Minuten ruhen lassen.

★ Inzwischen die Zitrone heiß abspülen und abtrocknen. Die Schale fein abreiben, eine Zitronenhälfte auspressen. Den Reis mit der Zitronenschale, ½ TL Salz und 300 ml Wasser aufkochen und dann 12 Minuten bei geringer Temperatur zugedeckt köcheln lassen.

★ Inzwischen die Gurke waschen, abtrocknen und längs halbieren. Dann die Enden abschneiden, die Gurke entkernen und fein würfeln. Die Mango schälen, gegebenenfalls vom Stein befreien und in 0,5 cm große Würfel schneiden. Dill waschen, trockenschütteln und fein hacken. 1 EL Rapsöl mit dem Zitronensaft vermischen. Gurke und Mango in eine Schüssel geben, mit Dill und Zitronensaft vermengen und mit Pfeffer und Salz abschmecken.

★ Eine Pfanne mit Backpapier auslegen, restliches Öl darin erhitzen. Die Fischstäbchen bei kleiner bis mittlerer Temperatur von allen Seiten je 2–3 Minuten braten. Die Fischstäbchen mit Reis und Salat servieren.

So machen wir das

Ein perfektes Gericht für Tage, an denen es mal wieder schnell gehen muss: Antipastigemüse, Polenta und Softtomaten aus dem Vorrat geholt und das Gericht ist schon fast fertig.

ROTE-BETE-POMMES

300 ml Rote-Bete-Saft
Salz
50 g Butter
100 g Polenta
50 g gerieben Parmesan
schwarzer Pfeffer
50 g Feldsalat
2–3 Karotten
2 Cornichons
15 Stängel Dill
75 g Joghurt
1 TL Honig
1 EL Senf
1 TL Rapsöl
250 g Lachsfilet (alternativ Putenstreifen)

Zubereitung: 45 Minuten + über Nacht kühlen
Zutaten für 4 Personen

★ Den Rote-Bete-Saft mit ½ TL Salz und Butter in einem Topf aufkochen. Die Polenta einrühren und bei geringer Temperatur unter Rühren 10 Minuten köcheln. Den Käse unterheben, pfeffern. Eine Auflaufform (etwa 16 x 23 cm) mit Backpapier auslegen. Die Polenta hineingeben und ausstreichen, auskühlen lassen und über Nacht im Kühlschrank kaltstellen.
★ Den Ofen auf 220 °C Umluft vorheizen. Die Polenta in 1 cm breite Pommes schneiden und auf zwei mit Backpapier ausgelegten Backblechen verteilen. Im Ofen 15 Minuten backen, nach 8 Minuten die Bleche tauschen.
★ Den Feldsalat waschen und trockenschütteln. Die Karotten schälen und raspeln. Die Cornichons längs in feine Scheiben schneiden. Dill waschen, fein hacken und mit Joghurt, Honig, ¼ TL Salz und Senf verrühren.
★ Eine Pfanne mit Backpapier auslegen, Rapsöl darin erhitzen. Die Lachsfilets hineingeben und in 4–6 Minuten pro Seite knusprig anbraten. Dann in grobe Stücke zupfen.
★ Die Polenta-Pommes auf einem der beiden Backbleche in der Mitte aufschichten, den Salat mit Karotten und Cornichons daraufgeben, das Dressing darüberträufeln und die Lachstücke darauf anrichten.

POLENTA

VEGETARISCH

125 g Polenta
100 g Parmesan
300 g Antipastigemüse (eingelegt)
50 g getrocknete Softtomaten
125 g Cocktailtomaten
2 Handvoll Basilikum

Zubereitung: 15 Minuten – Zutaten für 4 Personen

★ 450 ml Wasser aufkochen, Polenta einrieseln lassen, bei geringer Temperatur 10 Minuten köcheln, dabei umrühren. Den Parmesan reiben und unter die Polenta ziehen.
★ Antipastigemüse und Softtomaten in Streifen schneiden. Cocktailtomaten waschen und halbieren. Basilikum waschen und die Blättchen in Streifen schneiden.
★ Polenta auf Tellern anrichten, restliche Zutaten darauf verteilen, mit Basilikum bestreuen.

KÜRBIS-HÄHNCHEN-

BULGURPFANNE

Zubereitung: 25 Minuten + 25 Minuten backen
Zutaten für 4 Personen

1 kleiner Hokkaido-Kürbis (etwa 500 g)
2 Frühlingszwiebeln
2 unbehandelte Orangen
½ TL Zimt
Salz
frisch gemahlener schwarzer Pfeffer
4 Hähnchenhinterkeulen
1 EL Rapsöl
150 g Bulgur
300 ml Karottensaft

★ Den Backofen auf 220 °C Ober-/Unterhitze vorheizen. Den Kürbis waschen, abtrocknen und halbieren. Die Kerne mit einem Löffel herauslösen. Den Kürbis mit Schale auf einer Gemüsereibe grob raspeln. Die Frühlingszwiebeln waschen, putzen und schräg in feine Ringe schneiden. Die Orangen heiß abspülen und abtrocknen. Die Schale fein abreiben, den Saft auspressen. Die Orangenschale mit Zimt, ½ TL Salz und etwas Pfeffer mischen. Die Hähnchenhinterkeulen trockentupfen und die Gewürzmischung großzügig auf die Haut streichen.

★ Öl in einer ofenfesten Pfanne erhitzen, die Kürbisraspel darin 3–4 Minuten anbraten. Frühlingszwiebeln zugeben und 1 Minute weiterbraten. Bulgur, Orangensaft und Karottensaft zugeben und mit ½ TL Salz würzen. Einmal aufkochen lassen, dann den Herd ausschalten.

★ Die Hähnchenkeulen auf den Bulgur legen, die Pfanne in den Ofen schieben und die Kürbis-Hähnchen auf der mittleren Schiene 25 Minuten backen.

VEGETARISCH

Quinoa-Salat

Zubereitung: 25 Minuten – Zutaten für 4 Personen

125 g Quinoa
125 g braune Linsen (Konserve)
300 g Karotten
300 g vorgegarte Rote Bete
½ Bund glatte Petersilie
200 g Sojajoghurt
50 g weißes Tahin (Sesampaste)
1 TL Kreuzkümmel (Cumin)
1 TL Salz
schwarzer Pfeffer

★ Die Quinoa mit heißem Wasser abspülen und mit 250 ml Wasser aufkochen, 20 Minuten köcheln lassen, dann den Herd ausschalten 10 Minuten ausquellen lassen.

★ Inzwischen die Linsen abspülen und abtropfen lassen. Die Karotten schälen, putzen und grob würfeln. Karotten im Blitzhacker fein hacken, dann beiseitestellen. Die Rote Bete ebenfalls grob würfeln und im Blitzhacker fein hacken.

★ Für das Dressing die Petersilie waschen und die Blättchen abzupfen. Mit Sojajoghurt, Tahin, Kreuzkümmel und Salz in einen Mixbecher geben und mit dem Pürierstab fein pürieren. Das Dressing mit Pfeffer abschmecken.

★ Quinoa und Gemüse nebeneinander in Streifen auf einer Platte anrichten und mit dem Dressing servieren.

VEGETARISCH

Getreide-Topf

Zubereitung: 20 Minuten – Zutaten für 4 Personen

1 Zweig Rosmarin
150 g Dinkel (schnellkochend, alternativ Parboiled Reis)
150 g gelbe Linsen
450 ml Gemüsebrühe
200 g Zuckerschoten
150 g Feta

★ Rosmarin waschen, Nadeln vom Zweig zupfen und fein hacken. Mit Dinkel, Linsen und Brühe aufkochen und 15 Minuten bei geschlossenem Deckel köcheln lassen.

★ Inzwischen die Zuckerschoten waschen, abtrocknen und längs in Streifen schneiden. Zum Dinkel geben und 3 Minuten mitdünsten. Den Feta zerbröseln. Den Eintopf auf Teller verteilen und den Feta darüberstreuen.

VEGETARISCH

VEGGIE-QUINOA-CHILI

MIT ZUCKERSCHOTEN

Zubereitung: 30 Minuten
Zutaten für 4 Personen

1 rote Zwiebel
425 g Kidneybohnen (Konserve)
425 g Mais (Konserve)
75 g Quinoa
1 EL Rapsöl
400 g Tomatenstücke (Konserve)
½ TL Salz
1½ TL Zimtpulver
1 TL gemahlener Kreuzkümmel (Cumin)
Chilipulver nach Belieben
1 TL Agavendicksaft
60 g Gouda
1 Baguette

★ Die Zwiebel abziehen und fein hacken. Kidneybohnen und Mais in einem Sieb kurz abspülen und abtropfen lassen. Quinoa in ein weiteres Sieb geben und unter fließendem Wasser gründlich heiß abspülen. Rapsöl in einem großen Topf erhitzen, Zwiebel darin anbraten.

★ Bohnen, Mais, Tomaten, Salz und Quinoa zur Zwiebel in den Topf geben und aufkochen lassen. Etwa 200 ml Wasser dazugießen und auf mittlere Temperatur herunterschalten. Zimt und Kreuzkümmel zugeben. Nach Geschmack mit Chilipulver würzen und Agavendicksaft hinzufügen. Das Chili dann 10 Minuten bei geschlossenem Deckel und weitere 10 Minuten bei offenem Deckel köcheln lassen, gelegentlich umrühren.

★ Inzwischen den Gouda reiben und das Baguette in Scheiben schneiden. Das Quinoa-Chili mit geriebenem Gouda bestreut servieren und das Baguette dazu reichen.

VEGETARISCH

RINGELKUCHEN

MIT MARONEN

Zubereitung: 25 Minuten + 1 Stunde ruhen + 30 Minuten backen
Zutaten für 4 Personen

75 g Butter (eiskalt; + etwas für die Form)
100 g vorgegarte Maronen
125 g Magerquark
100 g Roggenmehl
Salz
½ Hokkaido-Kürbis (etwa 450 g)
400 g Rote Bete (vorgegart)
100 ml Milch
100 g süße Sahne
3 Eier
frisch gemahlener schwarzer Pfeffer
50 g geriebener Emmentaler

★ Für den Teig die Butter in Würfel schneiden. Die Maronen in den Blitzhacker geben und fein zerkleinern. Butter und Maronen mit Magerquark, Mehl und ½ TL Salz vermengen und rasch mit den Händen zu einem gleichmäßigen Teig verkneten. Mit Folie abdecken und im Kühlschrank mindestens 1 Stunde ruhen lassen.

★ Den Backofen auf 200 °C Ober-/Unterhitze vorheizen. Für die Füllung den Kürbis waschen, vierteln, die Kerne entfernen und das Fruchtfleisch in grobe Stücke schneiden. Portionsweise im Blitzhacker mittelfein raspeln. Die Rote Bete gegebenenfalls abtropfen lassen und ebenfalls portionsweise im Blitzhacker mittelfein zerkleinern.

★ Den Teig auf Backpapier dünn und kreisrund ausrollen. Eine Kuchenform einfetten und den Teig hineinlegen, dabei den Rand etwa 3 cm hochziehen. Gemüseraspel rundherum ringförmig einschichten: Mit dem Kürbis beginnen, dann folgt ein Ring Rote Bete, dann wieder Kürbis. Am Ende soll der Kuchen orange-lila geringelt sein.

★ Milch mit Sahne, Eiern, 1 TL Salz und Pfeffer verquirlen und über das Gemüse geben. Den Käse darüberstreuen und den Kuchen in 30–35 Minuten im Backofen goldbraun backen. Anschließend heiß servieren.

Familienessen aus aller Welt

SOLTERITO – SALAT AUS PERU

Zubereitung: 25 Minuten
Zutaten für 4 Personen

VEGETARISCH

150 g Dicke Bohnen (Saubohnen bzw. Ackerbohnen; Konserve oder TK)
200 g Mais (Konserve)
1 rote Zwiebel (etwa 100 g)
3–4 Tomaten (etwa 200 g)
1 Peperoni
175 g Feta
6 EL Essig
6 EL Olivenöl
Salz
70 g entsteinte schwarze Oliven
1 Bund glatte Petersilie

★ TK-Bohnen auftauen und blanchieren oder Bohnen aus der Konserve ebenso wie den Mais in ein Sieb geben, abspülen und abtropfen lassen. Die Zwiebel abziehen und fein würfeln. Die Tomaten waschen, abtrocknen, entkernen und in sehr kleine Würfel schneiden. Die Peperoni waschen, längs halbieren, die Kerne entfernen und die Peperoni fein hacken. Feta klein würfeln. Alles mit Bohnen und Mais in einer Schüssel vermischen.

★ Für das Dressing Essig, Olivenöl und Salz verrühren. Dressing über den Salat geben und gut mischen. Die Oliven in Scheiben schneiden. Die Petersilie waschen, trockenschütteln, die Blättchen abzupfen und hacken. Oliven und Petersilie über den Salat streuen.

MINI-PIES AUS AUSTRALIEN

Zubereitung: 40 Minuten + 20 Minuten backen
Ergibt 12 Stück

VEGETARISCH

- 50 g Sojaschnetzel
- 1 Zwiebel
- 3 Knoblauchzehen
- 1 mittelgroße Karotte
- 1 Zucchini
- 150 g Champignons
- 2 TL Butter (+ etwas für die Form)
- 1 TL getrockneter Oregano
- 1 Msp. Cayennepfeffer
- 1 TL Currypulver
- 2 TL Tomatenmark
- 1 TL Tamari (japanische Sojasauce ohne Weizen, alternativ Misopaste)
- Salz
- frisch gemahlener schwarzer Pfeffer
- 200 ml Gemüsebrühe
- 1 TL Mehl
- 1 Ei
- 1 EL Milch
- 2 Packungen frischer Blätterteig (à 270 g)
- 1 Muffinform für 12 Muffins

★ Sojaschnetzel mit heißem Wasser übergießen und 10 Minuten quellen lassen. Abgießen und ausdrücken. Zwiebel und Knoblauch abziehen und fein hacken. Karotte schälen, Zucchini waschen, Pilze säubern und alles fein würfeln.

★ Butter in einer beschichteten Pfanne erhitzen, Zwiebel darin 2 Minuten anbraten. Knoblauch und Karotten zugeben und 3 Minuten anbraten. Zucchinistücke und Pilze zugeben und ein paar Minuten mitbraten. Sojaschnetzel zufügen und scharf anbraten. Oregano, Cayennepfeffer und Currypulver hinzugeben und 1 Minute mitbraten. Tomatenmark, Tamari, Salz und Pfeffer zufügen, mit Brühe ablöschen und ein paar Minuten köcheln lassen. Mehl einrühren und 15 Minuten kochen lassen, gelegentlich umrühren.

★ Den Backofen auf 180 °C Umluft (200 °C Ober-/Unterhitze) vorheizen. Die Muffinform mit etwas Butter einfetten. Ei und Milch verquirlen.

★ 24 Kreise (etwa 8 cm Ø) aus dem Blätterteig ausstechen, sodass diese in die Muffinform passen. Mit zwölf Kreisen die Mulden der Form auslegen. Die Füllung darauf verteilen, dann mit je einem Blätterteigkreis abdecken und an den Seiten vorsichtig andrücken, um die Törtchen zu verschließen. Die Deckel mit der Ei-Milch-Mischung bestreichen. Törtchen in 20 Minuten auf der mittleren Schiene im Backofen goldgelb backen.

So machen wir das

Der Aufwand für das Gericht lohnt sich – die Pies sind geschmacklich der Hammer und lassen sich kalt auch gut zum Picknick oder ins Büro mitnehmen. Das Originalrezept aus Australien sieht statt Sojaschnetzel übrigens 200 g Rinderhack vor. Aber mit Sojaschnetzeln schmecken die Pies auch richtig gut und sind weniger fettig.

KOREANISCHER THUNFISCH-KIMBAP

Zubereitung: 30 Minuten + 30 Minuten ruhen
Zutaten für 4 Personen (etwa 30 Röllchen)

125 g Sushi-Reis
Salz
1 TL geröstetes Sesamöl
20 g Sesamsamen
100 g Thunfisch im eigenen Saft (Konserve)
frisch gemahlener schwarzer Pfeffer
40 g Mayonnaise
½ Gurke
150 g eingelegter gelber Rettich (Asialaden)
1–2 Karotten
3 Noriblätter
1 Sushimatte

★ Den Reis in einem Sieb unter fließendem Wasser gründlich waschen. Mit 250 ml Wasser in einen Topf geben und 30 Minuten stehen lassen. Anschließend bei geringer Temperatur 10–15 Minuten kochen, nach der Hälfte der Zeit den Reis umrühren. Dann mit etwas Salz, Sesamöl und Sesamsamen mischen und abkühlen lassen.

★ Inzwischen den Thunfisch in ein Sieb geben und abtropfen lassen. Thunfisch in einer Schale mit etwas Salz, Pfeffer und Mayonnaise verrühren.

★ Die Gurke waschen, abtrocknen, halbieren, entkernen und längs in 0,5 cm breite Streifen schneiden. Rettich in 0,5 cm breite Streifen schneiden. Karotten schälen, die Enden abschneiden und Karotten ebenfalls längs in 0,5 cm breite Streifen schneiden.

★ Eine Sushimatte mit Frischhaltefolie belegen. Jeweils ein Noriblatt mit der glänzenden Seite nach unten auflegen. Ein Drittel des Reises auf dem Noriblatt verteilen, dabei das obere Viertel frei lassen. Dann ein Drittel der Thunfischpaste als Streifen auf dem unteren Teil des Reises verteilen. Gemüse mittig horizontal nebeneinander auf dem Reis platzieren. Noriblatt mit der Sushimatte fest aufrollen: Dazu die untere Kante mit der Sushimatte anheben und einrollen, dann die Rolle fest zusammendrücken, die Sushimatte wieder anheben und die Rolle weiter rollen, bis die Sushimatte komplett über der Rolle liegt und diese schön fest gepresst ist. Auf diese Weise zwei weitere Rollen formen. Rollen in etwa 2 cm breite Stücke schneiden und servieren.

SÜDAFRIKANISCHES LAMM-CURRY

Zubereitung: 20 Minuten + 50 Minuten Garen
Zutaten für 4 Personen

1 Zwiebel
1 Karotte
1 Aprikose (etwa 80 g)
1 Banane
1½ EL Bratöl
500 g Lammgulasch
1 TL Currypulver
½ TL gemahlene Kurkuma
Salz
frisch gemahlener schwarzer Pfeffer
½ Zimtstange
1 Nelke
1 Lorbeerblatt
40 ml Weißweinessig
200 ml Fleischbrühe
150 g Reis

★ Die Zwiebel abziehen und fein hacken. Karotte schälen, die Enden abschneiden und die Karotte grob würfeln. Aprikose waschen, abtrocknen, entkernen und achteln. Banane schälen und in 2 cm dicke Scheiben schneiden.

★ Öl in einer Pfanne erhitzen, das Fleisch darin 5 Minuten rundherum scharf anbraten. Wenn das Fleisch gebräunt ist, die Zwiebel zugeben und mitbraten. Currypulver und Kurkuma zugeben und ebenfalls mitbraten. Salz, Pfeffer, Zimtstange, Nelke und Lorbeerblatt zufügen. Banane, Aprikose und Karottenwürfel zum Fleisch geben, mit Weißweinessig ablöschen, Fleischbrühe zugießen und 50 Minuten abgedeckt bei geringer Temperatur kochen lassen.

★ Inzwischen den Reis mit 300 ml Wasser und ½ TL Salz aufkochen und 15 Minuten ziehen lassen.

So machen wir das

Afrikanische Kinder essen das Gericht mit Hammelschulter. Die bekommt man hier eher selten, außerdem hat sie einen noch intensiveren Geschmack als Lamm und ist nicht jedermanns Fall. Deshalb gibt es das leckere Curry bei uns ganz einfach mit Lamm.

ETIKETTEN FÜR SELBSTGEMACHTES

GANZ EINFACH SELBST GEMACHT

Das selbst gemixte Müs
braucht natürlich ein cooles Etikett

Die aus frischen Früchten
selbst gekochte
Marmelade auch.

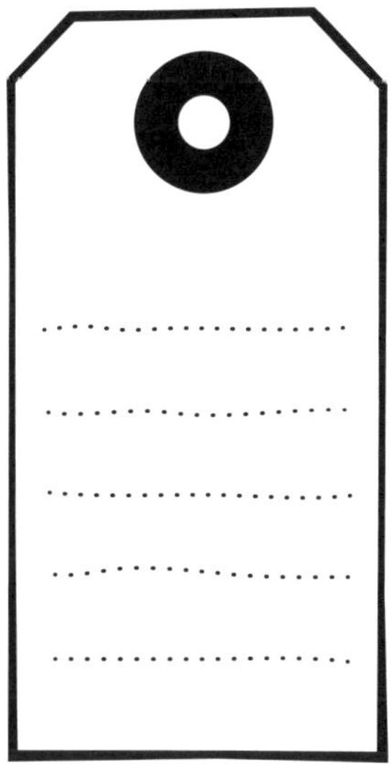

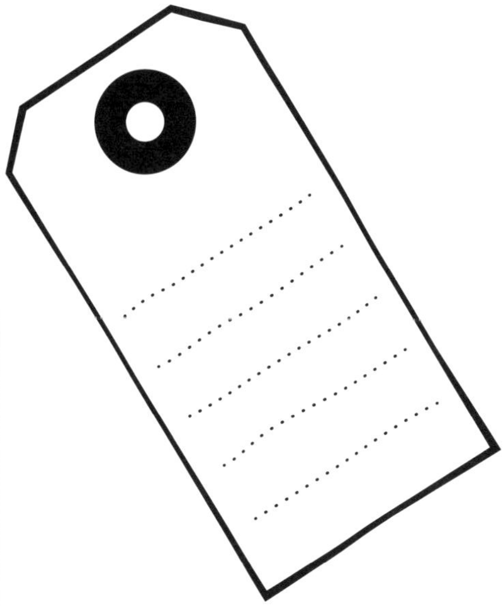

und die Brotdose für Kindergarten und Schule eigentlich auch.

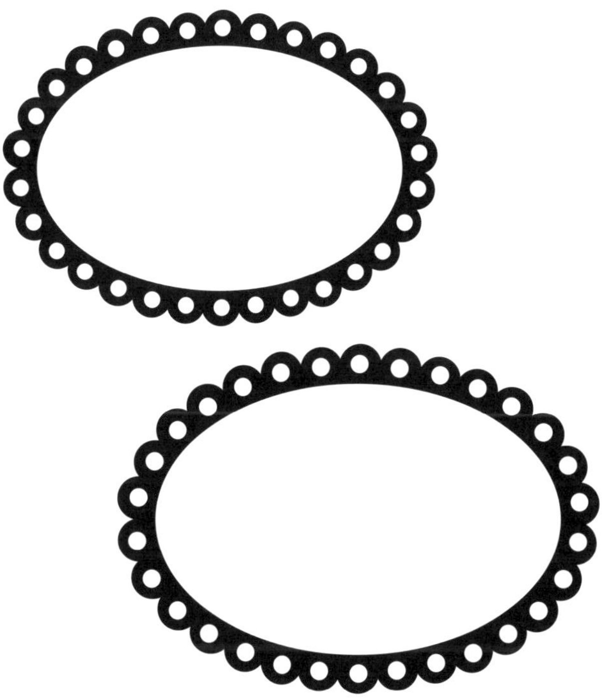

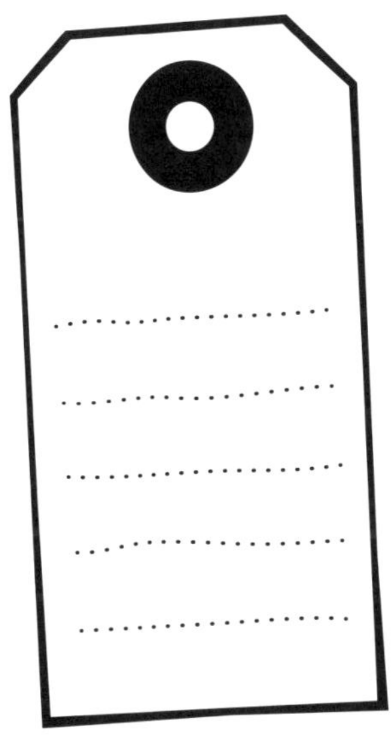

MIT DIESEN TOLLEN VORLAGEN
KLAPPT'S BESTIMMT.

COUSCOUS-SALAT

MIT GEBRATENEM ZANDER

Zubereitung: 20 Minuten
Zutaten für 4 Personen

150 g Couscous
50 g Haselnusskerne
⅔ Gurke
20 g Brunnenkresse (alternativ Kresse oder rote Rettichsprossen)
150 g saure Sahne
½ TL Salz
frisch gemahlener schwarzer Pfeffer
300 g Zanderfilet
1 EL Weizenmehl
1 TL Olivenöl
100 g schwarze Johannisbeeren (alternativ rote Johannisbeeren oder Brombeeren)

★ Den Couscous in eine Schüssel geben, mit 250 ml kochendem Wasser übergießen und abgedeckt 10 Minuten ziehen lassen. Während der Couscous zieht, die Haselnüsse in einer Pfanne ohne Fett 5 Minuten rösten, dann herausnehmen und grob hacken. Die Gurke waschen, halbieren, entkernen und in 1 cm große Würfel schneiden. Die Brunnenkresse waschen, trockenschütteln und grob hacken. Die saure Sahne mit Salz und Pfeffer unter den Couscous ziehen und abkühlen lassen.

★ Den Zander in Mehl wälzen. Eine Pfanne mit Backpapier auslegen, Öl darin erhitzen und den Zander bei mittlerer Temperatur von jeder Seite 3 Minuten braten. Danach in grobe Stücke zupfen.

★ Gurke und Brunnenkresse mit dem Couscous-Salat verrühren. Die Johannisbeeren waschen, von den Rispen streifen und am Ende mit den gerösteten Haselnüssen über den Salat streuen. Zander darauf anrichten.

Süßkartoffelcurry

VEGETARISCH

1 Süßkartoffel
1 Blumenkohl
1 kleine Zwiebel
1 TL Ghee (geklärte Butter; Bioladen)
400 ml Kokosmilch
1–2 TL Currypaste (alternativ Currypulver)
1 TL Salz
150 g Reis
100 g Kichererbsen (Konserve)
Saft von ½ Zitrone

Zubereitung: 35 Minuten – Zutaten für 4 Personen

★ Die Süßkartoffel schälen und in 1 cm große Würfel schneiden. Den Blumenkohl waschen und kleine Röschen abtrennen. Die Zwiebel abziehen und fein hacken.
★ Ghee in einer Pfanne erhitzen, die Zwiebel darin anbraten. Süßkartoffelwürfel zugeben und 2–3 Minuten mitbraten. Herd auf mittlere Temperatur stellen. Süßkartoffel-Zwiebel-Mischung mit der Kokosmilch ablöschen. Currypaste und Salz sowie Blumenkohl zugeben und 20 Minuten köcheln lassen.
★ Inzwischen den Reis mit 300 ml Wasser aufkochen, dann bei geringer Temperatur 15 Minuten köcheln lassen.
★ Die Kichererbsen abspülen und abtropfen lassen. Mit Zitronensaft unter das Curry rühren, mit Salz und Currypaste abschmecken und mit Reis servieren.

Kohlrabi-Hirse

VEGETARISCH

2 Kohlrabi
1 kleines Bund glatte Petersilie
150 g (Gold-)Hirse
1 EL Ghee (geklärte Butter; Bioladen)
1 EL Garam Masala
2 EL Apfelessig
60 g Rosinen
200 ml Milch
1 TL Salz
100 g Manouri (alternativ Feta)

Zubereitung: 30 Minuten – Zutaten für 4 Personen

★ Kohlrabi schälen und klein würfeln. Petersilie waschen, trockenschütteln und fein hacken. Hirse durch ein Sieb abspülen. Dann in einem Topf mit 300 ml Wasser aufkochen. 5 Minuten köcheln lassen, den Herd ausschalten und die Hirse 10 Minuten quellen lassen.
★ Ghee in einer tiefen Pfanne erhitzen und Garam Masala darin 1 Minute rösten, Kohlrabistücke zugeben und 2 Minuten anbraten. Mit Apfelessig ablöschen. Rosinen, Milch und Salz zugeben und bei mittlerer Temperatur und geschlossenem Deckel unter gelegentlichem Rühren 10–15 Minuten köcheln lassen. Inzwischen den Manouri würfeln.
★ Hirse auf Teller verteilen, Kohlrabi darübergeben und mit Petersilie und Manouri servieren.

Von Oma

KARTOFFEL

Wie bei OMA

Oh Oma, wenn du kochst, dann schmeckt es immer so besonders gut. Verrätst du mir deine Rezepte?

HÜHNERSUPPE
MIT FENCHEL

Zubereitung: 80 Minuten
Zutaten für 4 Personen

1 Bund Suppengrün
2–4 Hähnchenkeulen (etwa 500 g)
1 Lorbeerblatt
1 Glas weiße Bohnen (330 g)
2 Frühlingszwiebeln
1 kleiner Fenchel
250 g Suppennudeln
1 TL Salz
frisch gemahlener schwarzer Pfeffer

★ Das Suppengrün waschen, putzen und grob zerkleinern. Die Hähnchenkeulen abwaschen. Suppengrün, Hähnchen und Lorbeerblatt in einen Topf mit 1 l kaltem Wasser geben und langsam aufkochen lassen. 1 Stunde bei geringer Temperatur langsam garen.

★ Inzwischen die Bohnen in ein Sieb abgießen und abspülen. Frühlingszwiebeln und Fenchel waschen und Enden abscheiden. Frühlingszwiebeln schräg in feine Ringe schneiden, Fenchel längs halbieren und in sehr feine Streifen schneiden.

★ Nach der Garzeit die Hühnerbrühe abseihen, den Fond dabei auffangen. Die Haut von den Keulen entfernen. Das Fleisch auslösen, klein zupfen und beiseitestellen.

★ Suppennudeln im Fond mit Salz nach Packungsangaben kochen. Frühlingszwiebeln, Fenchel, Bohnen und ausgelöstes Hähnchenfleisch 3 Minuten vor Garende der Nudeln in den Topf geben und mitköcheln lassen. Suppe mit Pfeffer abschmecken.

Leeeecker ♡

KARTOFFELSUPPE
MIT WÜRSTCHEN

Zubereitung: 45 Minuten
Zutaten für 4 Personen

1 dünne Stange Lauch
2 Karotten
⅛ Knolle Sellerie
1 EL Butter
1 TL Zucker
100 ml Apfelsaft
1 kleine Zwiebel
2 Lorbeerblätter
2 TL Salz
1 kg Kartoffeln (festkochend)
100 g Schlagsahne
3 Wiener Würstchen
glatte Petersilie nach Belieben

★ Lauch waschen, Enden abschneiden und Lauch klein würfeln. Karotten und Sellerie schälen, Enden abschneiden und das Gemüse klein würfeln. Butter in einem Topf zerlassen. Lauch anschwitzen, dann die Karotten dazugeben. Zucker zufügen und karamellisieren lassen. Mit dem Apfelsaft ablöschen und aufkochen lassen. Den Sellerie dazugeben und mit 1 Liter kochendem Wasser aufgießen. Zwiebel abziehen. Lorbeerblätter, Salz und die ganze Zwiebel zufügen und 10 Minuten köcheln lassen.

★ Inzwischen die Kartoffeln schälen und in unterschiedlich große Stücke schneiden. Kartoffeln in die Suppe geben und so lange kochen, bis die größten Kartoffelstücke weich und die kleinsten schon zerfallen sind. Das dauert etwa 20 Minuten. Suppe vom Herd nehmen.

★ Lorbeerblätter und Zwiebel aus der Suppe entfernen. Die Suppe dann mit einem Pürierstab durchmixen, bis sie sämig wird, aber noch Stücke enthalten sind. Nun die Sahne unterrühren. Würstchen klein schneiden und ebenfalls in die Suppe geben. Petersilie waschen, fein hacken und vor dem Servieren über die Suppe streuen.

Wirsing-Rouladen

Zubereitung: 30 Minuten + 45 Minuten backen
Zutaten für 4 Personen

8 große Wirsingblätter
Salz
2 Zwiebeln
2 Knoblauchzehen
1 unbehandelte Zitrone
1½ EL Bratöl
400 g Hackfleisch
300 ml Fleisch- oder Gemüsebrühe
1 EL Speisestärke
schwarzer Pfeffer

★ Die Wirsingblätter waschen. In kochendem Salzwasser 3 Minuten blanchieren, dann abschrecken, abtrocknen und die festen Rippen von außen flach abschneiden.

★ Zwiebeln und Knoblauch abziehen. Zwiebeln fein würfeln, Knoblauch fein hacken. Die Zitrone heiß abspülen, abtrocknen, die Schale fein abreiben und den Saft auspressen. 1 TL Öl in einer Pfanne erhitzen, Zwiebeln und Knoblauch darin anschwitzen. Dann mit dem Hackfleisch, Zitronenabrieb, 1 TL Salz, und etwas Pfeffer in eine Schüssel geben und gut verkneten. Die Hackfleischmasse in acht kleine Röllchen formen, die etwas schmaler als die Wirsingblätter sind. Den Backofen auf 200 °C Ober-/Unterhitze vorheizen.

★ Die Wirsingblätter auslegen, die Hackfleischröllchen jeweils auf das untere Ende eines Blattes legen. Die Seiten links und rechts einschlagen, dann vom unteren Ende her gleichmäßig und vorsichtig aufrollen.

★ Restliches Öl in einer ofenfesten Pfanne erhitzen, die Rouladen darin von jeder Seite 30 Sekunden scharf anbraten. Die Brühe angießen, den Herd ausstellen und die Pfanne mit Alufolie abdecken. Im Backofen 45 Minuten garen. Die Rouladen aus der Sauce nehmen. Die Sauce in einen Topf umfüllen. Den Zitronensaft in einem Schälchen mit Speisestärke verrühren, in die Sauce rühren und aufkochen, bis die Sauce andickt. Rouladen mit der Sauce servieren.

Tipp

Dazu passen Kartoffeln, Nudeln, Reis oder Bulgur.

Tipp

Am besten klappt dieses Rezept mit Mehl Tipo 00 aus Italien oder italienischen Lebensmittelgeschäften. In manchen Supermärkten wird es als Pizzamehl angeboten. Maultaschen schmecken übrigens auch angebraten mit einem Salat als Beilage hervorragend.

MINI-MAULTASCHEN

VEGETARISCH

ITALIA

Zubereitung: 50 Minuten + 30 Minuten ruhen
Zutaten für 4 Personen

300 g Weizenmehl (Tipo 00; alternativ Type 405)
2 Eier (L)
½ TL Salz
100 g getrocknete Tomaten in Öl
1 rote Zwiebel
1 kleines Bund Basilikum
100 g Semmelbrösel
Salz
schwarzer Pfeffer
1 l Gemüsebrühe
Nudelmaschine

★ Für den Teig Mehl mit Eiern, Salz und 2 EL Wasser mit den Knethaken des Handrührgerätes 3 Minuten verrühren, dann 2 Minuten mit den Händen verkneten. Eine Kugel formen, in Frischhaltefolie wickeln und 30 Minuten bei Raumtemperatur ruhen lassen.

★ Für die Füllung die getrockneten Tomaten abtropfen lassen. Die Zwiebel abziehen und grob zerkleinern. Basilikum waschen, trockenschütteln und die Blättchen abzupfen. Alles mit Semmelbröseln, etwas Salz und Pfeffer in den Blitzhacker geben und zu einer homogenen Masse pürieren.

★ Den Teig vierteln und mit der Nudelmaschine zu möglichst dünnen, etwa 60 cm langen Bahnen ausrollen. Die Bahnen halbieren, sodass sie nur noch etwa 30 cm lang sind. Die Füllung auf den acht Teigstreifen verstreichen, dabei rundherum einen Rand freilassen. Von der langen Seite aus aufrollen. Rolle mit einem Holzlöffel an den Enden und alle 5 cm eindrücken. Dann mit dem Messer die Stücke abschneiden.

★ Gemüsebrühe in einem Topf aufkochen. Die Mini-Maultaschen darin 7 Minuten leicht köcheln lassen, dabei gelegentlich umrühren. Maultaschen mit Brühe servieren.

Von Oma

Hühnerfrikassee

Zubereitung: 75 Minuten
Zutaten für 4 Personen

1 Bund Suppengrün
4–6 Hähnchenkeulen (etwa 750 g)
1 Lorbeerblatt
150 g Brokkoli
100 g Zuckerschoten
1 gelbe Paprika
Salz
100 ml Milch
2 EL Speisestärke
frisch gemahlener schwarzer Pfeffer

★ Das Suppengrün waschen, putzen und grob zerkleinern. Die Hähnchenkeulen abwaschen, mit dem Lorbeerblatt in einen Topf mit 750 ml kaltem Wasser geben und langsam aufkochen. 1 Stunde bei geringer Temperatur garen.

★ Inzwischen den Brokkoli waschen und in Röschen teilen. Die Röschen je nach Größe längs vierteln oder achteln. Die Zuckerschoten waschen. Die Paprika waschen, entkernen und in 0,5 cm dicke Streifen schneiden.

★ Den Brokkoli 4 Minuten in kochendem Salzwasser blanchieren, nach 2 Minuten die Zuckerschoten zugeben. Beides in ein Sieb abgießen und abschrecken.

★ Nach der Garzeit die Hühnerbrühe abseihen, den Fond dabei auffangen. Die Haut von den Keulen entfernen. Das Fleisch auslösen, klein zupfen und beiseitestellen.

★ Die Milch in einem Schälchen mit der Speisestärke glattrühren. Den Fond zurück in den Topf geben, aufkochen und die Milchmischung zugeben. Nochmals aufkochen, bis der Fond andickt. Fleisch und Gemüse zugeben und das Frikassee mit Pfeffer und Salz abschmecken.

So machen wir das

Sarahs Oma serviert zu Hühnerfrikassee immer Reis. Sie mogelt aber kein buntes Gemüse unter. Unsere Familienversion schmeckt nicht nur mit Reis, sondern auch mit Couscous, Bulgur, Quinoa oder Hirse.

KNÖDELSALAT MIT
TOMATEN UND BIRNEN

KNÖDEL MIT LEBERKÄSE
UND PAPRIKASAUCE

GEBRATENE KNÖDEL
MIT BROKKOLI

SÜSSE KNÖDEL MIT ERDBEEREN
UND VANILLESAUCE

VEGETARISCH

Knödel-Glück

KNÖDEL-GRUNDREZEPT

Zubereitung: 20 Minuten + 30 Minuten ruhen + 20 Minuten backen
Zutaten für 4 Personen

3 einige Tage alte Brötchen
1 Zwiebel
25 g Butter
175 ml Milch
1 kleine Handvoll glatte Petersilie
½ TL Salz
schwarzer Pfeffer
1 Prise Muskatnuss
2 Eier (L)

★ Die Brötchen etwa 1 cm groß würfeln und in eine Schüssel füllen. Die Zwiebel abziehen und fein hacken. Die Butter zerlassen, die Zwiebel darin bei mittlerer Temperatur 2 Minuten anschwitzen, Milch zugeben und handwarm werden lassen. Zwiebel-Milch-Mischung über die Brötchen gießen.

★ Petersilie waschen, trockenschütteln und fein hacken. Mit Salz, Pfeffer, Muskat und Eiern zu den Brötchen geben und alles mit den Händen zu einem Teig verkneten. Den Teig abgedeckt bei Raumtemperatur 30 Minuten ruhen lassen. Den Backofen auf 180 °C Ober-/Unterhitze (Umluft ist nicht zu empfehlen) vorheizen.

★ Mit nassen Händen acht Knödel aus dem Teig formen und in eine gefettete Form setzen. Eine ofenfeste Schale mit 200 ml heißem Wasser auf den Ofenboden stellen. Die Knödel auf der mittleren Schiene 20 Minuten backen.

Tipp

Die Knödel nicht in Wasser zu kochen, sondern wie beschrieben im Backofen zu garen, hat Vorteile: Sie zerfallen nicht so leicht und werden nicht zu weich. Dafür werden sie schön fluffig und man muss sich nicht um sie kümmern, während man die Beilagen zubereitet.

KNÖDEL MIT LEBERKÄSE UND PAPRIKASAUCE

★ Nach dem Knödel-Grundrezept (siehe linke Seite) insgesamt acht Knödel zubereiten.

★ Während die Knödel im Ofen sind, den Lauch waschen, Enden abschneiden und den Lauch grob zerkleinern. Die Paprika waschen, entkernen und grob würfeln. Öl in einem Topf erhitzen, den Lauch darin 1 Minute anbraten. Paprikawürfel zugeben und eine Minute mitbraten. Apfelessig, 100 ml Wasser und ½ TL Salz zugeben und alles 15 Minuten weichkochen.

★ Inzwischen den Leberkäse in etwa 1 cm große Würfel schneiden. Eine beschichtete Pfanne ohne Fett erhitzen, den Leberkäse darin bei mittlerer Temperatur unter gelegentlichem Wenden ringsherum 10 Minuten anbraten.

★ Gemüse mit dem Pürierstab fein pürieren und mit Salz und Pfeffer abschmecken. Gemüsesauce mit Leberkäse und Knödeln servieren.

Tipp

Übrig gebliebene Knödel können auch eingefroren werden. Vor dem Weiterverarbeiten auftauen lassen.

GEBRATENE KNÖDEL MIT BROKKOLI

VEGETARISCH

Zubereitung: 15 Minuten – Zutaten für 4 Personen

8 Knödel (s. Grundrezept Seite 162)
1 Brokkoli
1 EL Rapsöl
100 g Lieblingskäse
1 kleine Handvoll frische glatte Petersilie

★ Die Knödel achteln. Brokkoli waschen, den Strunk entfernen und die Röschen grob hacken. Öl in einer Pfanne erhitzen, Brokkoli darin bei mittlerer Temperatur unter gelegentlichem Wenden 5 Minuten anbraten. Die Knödel zugeben und weitere 5 Minuten unter Wenden braten.

★ Käse grob reiben, unterheben und schmelzen lassen. Die Petersilie waschen, trockenschütteln, die Blätter abzupfen und fein hacken. Vor dem Servieren über die Brokkoli-Knödel-Pfanne streuen.

Tipp

Das ist ein superschnelles Rezept für übrig gebliebene Knödel. Toll schmecken zusätzlich auch Champignons, rote Zwiebeln oder Spargel.

KNÖDELSALAT MIT TOMATEN UND BIRNEN

VEGETARISCH

Zubereitung: 15 Minuten – Zutaten für 4 Personen

5 Knödel (s. Grundrezept)
500 g bunte Tomaten
2 saftige Birnen
1 rote Zwiebel
100 ml Gemüsebrühe
5 EL Weißweinessig
1 EL Zucker
Salz
schwarzer Pfeffer
6 EL gutes Olivenöl

★ Tomaten und Birnen waschen. Tomaten in dünne Scheiben schneiden. Birnen vierteln, entkernen und ebenfalls in dünne Scheiben schneiden. Zwiebel abziehen und in feine Ringe schneiden. Knödel in Scheiben schneiden und abwechselnd mit Tomaten- und Birnenscheiben auf einen Teller schichten. Zwiebelringe darübergeben.

★ Gemüsebrühe mit Essig und Zucker zu einem Dressing verrühren und mit Salz und Pfeffer abschmecken, dann das Öl daruntermengen und das Dressing über den Salat geben.

VEGETARISCH

SÜSSE KNÖDEL MIT ERDBEEREN UND VANILLESAUCE

Zubereitung: 40 Minuten + 30 Minuten ruhen + 20 Minuten backen
Zutaten für 4 Personen

3 einige Tage alte Brötchen (etwa 200 g)
375 ml Milch
½ TL Salz
2 Msp. gemahlene Vanille
2 Eier (L)
50 g Butter
600 g Erdbeeren
½ Päckchen Vanillepuddingpulver
1 EL Rohrohrzucker
200 g Joghurt

★ Die Brötchen etwa 1 cm groß würfeln und in eine Schüssel füllen. 175 ml Milch mit Salz und Vanille in einem Topf handwarm werden lassen, verrühren und über die Brötchen gießen. Die Eier zugeben und alles mit den Händen zu einem Teig verkneten. Den Kloßteig abgedeckt 30 Minuten ruhen lassen. Den Backofen auf 180 °C Ober-/Unterhitze (Umluft ist nicht zu empfehlen) vorheizen.

★ Mit nassen Händen aus dem Teig zwölf kleine Knödel formen und in eine gefettete Form setzen. Eine ofenfeste Schale mit 200 ml heißem Wasser auf den Ofenboden stellen. Die zwölf kleinen Knödel auf der mittleren Schiene 20 Minuten backen.

★ Die Knödel etwas abkühlen lassen, dann vierteln. In einer Pfanne Butter zerlassen und die Knödel darin bei mittlerer Temperatur langsam 10 Minuten kross braten, dann wenden und weitere 5–7 Minuten braten.

★ Inzwischen Erdbeeren waschen, Stielansätze entfernen und vierteln. Von der restlichen Milch etwas abnehmen und mit dem Puddingpulver glattrühren. Übrige Milch mit Zucker in einem Topf aufkochen, Puddingpulver mit einem Schneebesen unterrühren, einmal aufkochen, von der Herdplatte nehmen und Naturjoghurt unterrühren.

★ Die Knödel anrichten, Vanillesauce darüber verteilen und mit Erdbeeren garnieren.

VEGETARISCH

SCHUPFNUDELN

MIT SAUERKRAUT

Zubereitung: 80 Minuten + über Nacht ruhen
Zutaten für 4 Personen

1 kg Kartoffeln (mehligkochend)
2 Eier (L)
100 g Weizen- oder Dinkelmehl
Salz
500 g Sauerkraut
250 g Cocktailtomaten
5 TL Öl
1 EL Zucker

★ Am Vortag die Kartoffeln bissfest garen, anschließend pellen. Dann durch eine Kartoffelpresse drücken und abgedeckt über Nacht ruhen lassen.

★ Am nächsten Tag das Kartoffelpüree mit Eiern, Mehl und ½ TL Salz gut verkneten, sodass der Teig nicht mehr klebt. Bei Bedarf noch etwas mehr Mehl zugeben. Den Teig zu drei bis vier Rollen à 4–5 cm Durchmesser ausrollen. Die Rollen in etwa 1 cm breite Stücke schneiden. Diese Stücke in der flachen Hand zu fingerdicken, länglichen Schupfnudeln mit spitzen Enden formen.

★ Die Schupfnudeln portionsweise in siedendem Salzwasser 2–3 Minuten kochen, bis sie an die Wasseroberfläche steigen. Mit einer Schöpfkelle herausheben und in ein Sieb zum Abtropfen geben.

★ Inzwischen das Sauerkraut erwärmen. Die Cocktailtomaten waschen und halbieren. In einer beschichteten Pfanne 1 TL Öl erhitzen, Zucker zugeben und karamellisieren lassen. Die Tomatenhälften darin anbraten, dann in eine Schüssel geben. Die Schupfnudeln portionsweise im restlichen Öl anbraten und mit dem Sauerkraut und karamellisierten Tomaten servieren.

So machen wir das

Selbst gemachte Schupfnudeln sind bei uns meist ein Sonntagsessen, denn die Zubereitung braucht Zeit. Allerdings können die Kinder gut mithelfen – Teigrollen formen oder Schupfnudeln rollen macht schon den ganz Kleinen Spaß. Nur 20 Minuten braucht das Gericht mit Schupfnudeln aus dem Kühlregal.

Tipp

Dazu passt ein schöner großer Lieblingssalat.

BRATKARTOFFELN

SPANISCHE ART

Zubereitung: 40 Minuten
Zutaten für 4 Personen

600 g Kartoffeln (festkochend)
Salz
30 g Butterschmalz
2 Frühlingszwiebeln
1 Paprika
80 g Chorizo (spanische Paprikawurst)
1 Glas Mais (Abtropfgewicht 230 g)

★ Kartoffeln in 20 Minuten bissfest kochen, abgießen, abkühlen lassen, pellen und in 0,5 cm dicke Scheiben schneiden. Butterschmalz in einer beschichteten Pfanne zerlassen, Kartoffelscheiben darin bei mittlerer Temperatur 15 Minuten unter ein- bis zweimaligem Wenden goldbraun braten.

★ Frühlingszwiebeln waschen, putzen und in feine Ringe schneiden. Am Ende der Bratzeit zu den Kartoffeln geben und 2 Minuten mitbraten. Paprika waschen, entkernen und in Streifen schneiden. Zugeben und weitere 2 Minuten mitbraten. Chorizo in feine Streifen schneiden. Den Mais abspülen und abtropfen lassen. Beides zugeben, 2 Minuten erhitzen und servieren.

BRATKARTOFFELN

KLASSISCHE ART

Zubereitung: 45 Minuten – Zutaten für 4 Personen

800 g Kartoffeln (festkochend)
Salz
1 kleine Zwiebel
½ Bund glatte Petersilie
40 g durchwachsener Speck
2 EL Butterschmalz
schwarzer Pfeffer

★ Kartoffeln 20 Minuten bissfest kochen, abgießen und abkühlen lassen. Dann pellen und in 0,5 cm dicke Scheiben schneiden. Zwiebel abziehen und fein hacken. Petersilie waschen, Blättchen abzupfen und fein hacken. Speck fein würfeln.

★ Butterschmalz in einer beschichteten Pfanne erhitzen, Kartoffeln darin bei mittlerer Temperatur goldbraun anbraten. Speck zugeben und anbräunen. Zwiebel zugeben und 2–3 Minuten mitbraten, dabei umrühren, kräftig mit Salz und Pfeffer würzen und mit Petersilie bestreut servieren.

Familienküchenglück zum Aufhängen

An manche Dinge kann man sich gar nicht oft genug erinnern – liebevoll miteinander umzugehen beispielsweise. Oder geduldig sein. Und nachsichtig. Das sind Eigenschaften, die besonders im Familienleben mit kleinen bis mittelgroßen Kindern gefordert sind. Und mit Teenagerkindern. Und mit Eltern. Und mit Großeltern. Und mit … wem eigentlich nicht?

Neben diesen grundlegenden Eigenschaften gibt es noch ein paar küchentypische Dinge, auf die wir Wert legen und an die wir uns immer wieder erinnern: mithelfen, sich beim Koch bedanken oder warten, bis alle Kinder fertig mit dem Essen sind.

Diese kleine Erinnerungshilfe hängt nun hübsch gestaltet in unserer Küche. Vielleicht hilft sie auch eurem Familienküchenglück auf die Sprünge, lässt euch um den Tisch tanzen oder lächelt einfach still von der Wand, wenn mal wieder das pure Chaos tobt.

Willkommen

in unserer gemütlichen, manchmal lauten,
MEISTENS CHAOTISCHEN UND IMMER GEÖFFNETEN KÜCHE.

Hier tobt das Leben, regiert das Chaos,
SIEGT DIE LIEBE UND DER GUTE GESCHMACK.
Wir tanzen durch die Küche und um den Tisch.
HIER REDEN ALLE MIT, KOCHEN ALLE MIT
UND HELFEN ALLE MIT.
ABSCHMECKEN, ABRÄUMEN, ABSPÜLEN.
Wir warten, bis alle am Tisch sitzen.
WIR PROBIEREN ALLES,
sagen bitte und danke fürs Kochen.
WIR LACHEN UND ERZÄHLEN VON UNSEREM TAG.
Bei uns warten Kinder auf Kinder und stehen erst auf,
WENN ALLE KINDER FERTIG GEGESSEN HABEN.

Kochen. Essen. Zusammensein.
Familienküchenglück.

KARTOFFEL-PUFFER

VEGETARISCH

AUS DEM OFEN

Zubereitung: 25 Minuten + 35 Minuten backen
Zutaten für 4 Personen

- 1 kg Kartoffeln (vorwiegend festkochend)
- 150 g Schmand
- 2 Eier
- 2 EL Weizen- oder Dinkelmehl
- Salz
- frisch gemahlener schwarzer Pfeffer
- 250 g Cocktailtomaten
- 1 kleines Bund glatte Petersilie
- 250 g Joghurt
- 50 g weißes Tahin (Sesampaste, alternativ braun)
- 1 EL Olivenöl
- 1 EL Essig
- 100 g Preiselbeerkonfitüre

★ Den Backofen auf 180 °C Umluft (Ober-/Unterhitze ist nicht zu empfehlen) vorheizen. Die Kartoffeln schälen, auf einer Gemüsereibe fein raspeln, in ein Sieb geben und gut ausdrücken. Die ausgedrückten Kartoffeln mit Schmand, Eiern und Mehl in eine Schüssel geben und mit den Händen verkneten, kräftig mit Salz und Pfeffer würzen.

★ Zwei Backbleche mit Backpapier auslegen. Die Kartoffelmasse zu 16 sehr flachen Puffern formen und auf die Bleche drücken. 35 Minuten im Ofen backen. Nach 15 Minuten die Bleche tauschen. In den letzten 5 Minuten die Puffer einmal wenden.

★ Inzwischen das Topping vorbereiten: Die Cocktailtomaten waschen, abtrocknen und vierteln. Die Petersilie waschen, trockenschütteln, die Blätter abzupfen und fein hacken. Tomaten mit Petersilie, 150 g Joghurt, Tahin, Olivenöl, Essig, Salz und Pfeffer verrühren.

★ Für die süße Nachtischcreme den restlichen Joghurt mit der Preiselbeerkonfitüre verrühren.

★ Die Puffer in einer ersten Runde mit Tomaten-Tahin-Creme servieren. Die zweite Runde gibt es als Nachtisch mit Joghurt-Preiselbeer-Creme.

KARTOFFEL

VEGETARISCH

Himbeer-Germknödel

Zubereitung: 35 Minuten + 1 Stunde 30 Minuten ruhen – Zutaten für 4 Personen

600 ml Milch
10 g frische Hefe
270 g Weizenmehl
25 g Zucker
Salz
1 Ei
25 g Butter
60 g Himbeeren (TK)
½ Packung Bourbonvanillepuddingpulver
4 EL geröstete Kokoschips nach Belieben

★ 100 ml Milch handwarm erwärmen. Hefe und 50 g Mehl in eine Schüssel geben, die Milch zugießen und verrühren. Dann das restliche Mehl, 10 g Zucker, eine Prise Salz, das Ei und die Butter zugeben und 5 Minuten mit den Knethaken des Handrührgerätes verkneten. Teig in vier Stücke teilen und zu vier kreisrunden Fladen formen.

★ Ein Viertel der Himbeeren auf jedem Fladen verteilen. Fladen von allen Seiten zusammendrücken und zu einer Kugel formen. Mit dem Teigschluss nach unten 1 Stunde 30 Minuten abgedeckt gehen lassen.

★ Dann reichlich Salzwasser in einem großen Topf zum Sieden bringen. Die Knödel ins Wasser geben und bei geschlossenem Deckel 20 Minuten garen. Den Deckel währenddessen nicht öffnen.

★ 5 Minuten vor Ende der Knödelgarzeit 4 EL der restlichen Milch abnehmen und in ein Schälchen geben, die übrige Milch in einem Topf erwärmen, restlichen Zucker darin auflösen. Die kalte Milch mit dem Puddingpulver verrühren, in die aufgekochte Milch geben und rühren, bis die Sauce andickt.

★ Die Germknödel mit einer Schöpfkelle aus dem Wasser nehmen, in einem Sieb abtropfen lassen und mit reichlich Sauce und Kokoschips servieren.

Heute kocht PAPA

Tttsssss

Erst den Fisch angeln, dann grillen – soweit die Theorie. Praktisch kommt der Fisch aus dem Supermarkt. Macht aber nichts, Papa.

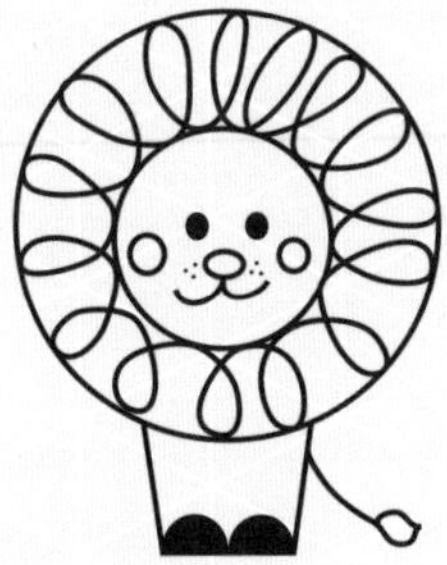

BURGER

MIT KICHERERBSENCREME

Zubereitung: 40 Minuten + 30 Minuten ruhen
Zutaten für 4 Personen

400 g Rinderhackfleisch
Salz
schwarzer Pfeffer
120 g Kichererbsen (Konserve)
2 kleine Birnen
100 g körniger Frischkäse
¼ Gurke
125 g Mozzarella
4 Dinkelbrötchen

★ Hackfleisch mit Salz und Pfeffer verkneten. Daraus vier runde, 1,5 cm hohe Pattys formen. Für 30 Minuten im Kühlschrank kalt stellen.

★ Die Kichererbsen abspülen und abtropfen lassen. Die Birnen waschen, halbieren und entkernen. Eine Birne grob würfeln, mit den Kichererbsen, dem Frischkäse, Salz und Pfeffer in den Blitzhacker geben und cremig pürieren. Die Gurke waschen. Gurke und die zweite Birne in feine Scheiben hobeln. Mozzarella in Scheiben schneiden.

★ Eine Pfanne ohne Fett erhitzen. Die Dinkelbrötchen aufschneiden und mit der Schnittfläche nach unten etwas rösten, dabei fest an den Pfannenboden drücken.

★ Mit dem Rücken eines Esslöffels eine Kuhle in die gekühlten Pattys drücken, sonst wölben sie sich beim Braten. Mit der Kuhle nach oben in die Pfanne legen und bei mittlerer Temperatur 5–6 Minuten pro Seite braten. Nach dem Wenden die Mozzarellascheiben auf die Pattys geben.

★ Die Brötchen mit Kichererbsencreme bestreichen und mit Pattys, Birnen- und Gurkenscheiben belegen.

Tipp

Als vegetarische Alternative 300 g Blumenkohl waschen und in Scheiben schneiden. Mit Olivenöl bepinseln, mit Oregano bestreuen und auf dem Grill oder in der Pfanne grillen. Wer mag, kann auch ein paar schwarze Oliven in Ringen auf den Burger streuen oder statt Mozzarella kräftigen Schafskäse ausprobieren. Für kleine Kinder ist es praktisch, die Pattys zu halbieren und in einer Pita-Tasche zu servieren.

Tipp

Das Ganze funktioniert natürlich auch mit einem Hähnchenbräter, also ohne Dose und ohne Apfelsaft. Das austropfende Fett des Hähnchens sollte dann immer wieder mit einem Löffel über die Kartoffeln und Karotten gegossen werden.

PAPAS HAHN

BRATHÄHNCHEN

AUS DEM OFEN

Zubereitung: 20 Minuten + 1 Stunde 30 Minuten backen – Zutaten für 4 Personen

1 kleines Brathähnchen
3 Zweige Rosmarin
10 Zweige Thymian
3 Stängel Salbei
2 Knoblauchzehen
1½ TL Salz
1 TL weißer Pfeffer
1 EL Honig
75 ml Apfelsaft
350 g Kartoffeln
350 g Karotten

★ Den Backofen auf 190 °C Ober-/Unterhitze (Umluft ist nicht zu empfehlen) vorheizen. Das Brathähnchen waschen und gründlich trockentupfen.

★ Für die Marinade die Kräuter waschen, trockenschütteln und die Blättchen und Nadeln abzupfen. Den Knoblauch abziehen. Kräuter und Knoblauch mit Salz und Pfeffer in den Blitzhacker geben und fein mahlen. Honig zugeben und glattrühren. Das Hähnchen innen und außen mit der Marinade einstreichen.

★ Eine leere und gespülte Dose mit 0,33 l Fassungsvermögen (z. B. eine Limonadendose) mit dem Apfelsaft füllen. Das Hähnchen auf die Dose setzen und in eine feuerfeste Pfanne stellen. Auf der mittleren Schiene in den Ofen stellen und 1 Stunde 30 Minuten backen.

★ Inzwischen die Kartoffeln und Karotten schälen und in Spalten oder Schnitze schneiden. 25 Minuten vor Ende der Garzeit mit in die Pfanne zum Hähnchen geben und nach etwa 10 Minuten einmal wenden.

★ Anschließend Kartoffeln und Karotten leicht pfeffern und salzen und zum Hähnchen servieren.

SPARERIBS

MIT GEWÜRZBAGUETTE

Zubereitung: 30 Minuten + 8 Stunden marinieren + 65 Minuten grillen – Zutaten für 4 Personen

1 Schalotte
1 Knoblauchzehe
1 große unbehandelte Limette
30 g getrocknete Mango
2½ TL mildes Currypulver
Salz
400 g Schweinerippchen
1 Aufbackbaguette
1 mittelgroße Karotte
½ Fenchel
1 EL Rapsöl

★ Schalotte und Knoblauch abziehen. Die Limette heiß abspülen, die Schale fein abreiben, dann halbieren und auspressen. Die Hälfte der Limettenschale und des Safts mit der getrockneten Mango, 1½ TL Currypulver und ½ TL Salz in den Blitzhacker geben und fein pürieren.

★ Die Schweinerippchen mit der Paste einreiben und in einem Gefrierbeutel mit möglichst wenig Luft mindestens 8 Stunden im Kühlschrank marinieren. Den Grill so vorbereiten, dass mit indirekter Hitze gegrillt werden kann (siehe Tipp) und die Spareribs so 1 Stunde garen.

★ Das Baguette im Abstand von je 1,5 cm quer einschneiden, aber nicht durchschneiden. Die Karotte schälen, den Fenchel waschen und den Strunk abschneiden. Karotte und Fenchel grob schneiden, dann im Blitzhacker fein raspeln.

★ Öl in einer Pfanne erhitzen, restliches Currypulver dazugeben und kurz anrösten. Das Gemüse dazugeben und 3 Minuten braten. Restliche Limettenschale und -saft zum Gemüse geben und mit Salz abschmecken. Das Gemüse vom Herd nehmen und zwischen die Baguette-Scheiben streichen. Das Baguette nach Packungsangaben im Ofen backen.

★ Nach einer Stunde die Spareribs in den Bereich der direkten Hitze legen und in 4–5 Minuten unter Wenden kross grillen. Die Spareribs mit dem Baguette servieren.

Tipp

Zum indirekten Grillen durchgeglühte Holzkohle an einer Seite aufschichten. Auf der anderen Seite auf den Grillrost die Spareribs legen. Die Temperatur im Inneren des Grills sollte bei 105–120 °C liegen. Im Gasgrill mit nur einem Brenner arbeiten.

toast

Toastwaffeln

ROASTBEEF

Zubereitung: 15 Minuten
Zutaten für 4 Personen

8 Scheiben Vollkorntoast
60 g geriebener Emmentaler
2 Karotten
1 Handvoll Feldsalat
1 EL Senf
1 TL Honig
2 EL Apfelessig
4 EL körniger Frischkäse
4 Scheiben Roastbeef

★ Ein rechteckiges Waffeleisen vorheizen. Vier Scheiben Vollkorntoast mit jeweils 15 g geriebenem Emmentaler bestreuen. Jeweils eine unbelegte Toastscheibe darauflegen und im Waffeleisen 3–4 Minuten backen.

★ Die Karotten schälen, die Enden abschneiden und die Karotten dünn in schräge Scheiben hobeln. Den Feldsalat putzen und trocknen lassen. Für das Dressing Senf, Honig und Apfelessig verrühren.

★ Auf jede Toastwaffel 1 EL Frischkäse streichen, ein Viertel der Karottenscheiben darauf verteilen, Feldsalat darübergeben und mit Dressing beträufeln. Jeweils mit einer Scheibe Roastbeef abschließen.

ERDNUSS-BLAUBEER

Zubereitung: 10 Minuten
Zutaten für 4 Personen

8 Scheiben Vollkorntoast
4 TL Erdnussmus (40 g)
100 g Heidelbeeren
40 g Zartbitterschokolade
4 EL Joghurt

★ Ein rechteckiges Waffeleisen vorheizen. Vier Scheiben Vollkorntoast mit jeweils 1 TL Erdnussmus bestreichen. Jeweils eine unbestrichene Toastscheibe darauflegen und im Waffeleisen 3–4 Minuten backen.

★ Heidelbeeren waschen und trocknen lassen. Die Zartbitterschokolade in Späne hobeln. Auf jeder Toastwaffel 1 EL Joghurt verstreichen, ein Viertel der Heidelbeeren gleichmäßig darübergeben. Die Schokoladenraspeln darüberstreuen und servieren.

VEGETARISCH

TORTILLA-FLAMMKUCHEN

Zubereitung: 10 Minuten + 15 Minuten backen
Zutaten für 4 Personen

1 Zucchini
1 TL Olivenöl
500 g vorgegarte Rote Bete
250 g Mozzarella
4 Weizentortillas (soft)
4 TL Schmand
2 TL Oregano
Salz
schwarzer Pfeffer

★ Den Backofen auf 220 °C Ober-/Unterhitze vorheizen.

★ Die Zucchini waschen, abtrocknen und die Enden abschneiden. Dann die Zucchini in feine Scheiben hobeln und im Olivenöl marinieren. Die Rote Bete und den Mozzarella ebenfalls in feine Scheiben schneiden.

★ Tortillas mit Schmand bestreichen, Oregano darüberstreuen und mit Salz und Pfeffer würzen. Zucchini, Rote Bete und Mozzarella abwechselnd kreisrund überlappend auf den Fladen schichten. Zwei Backbleche mit Backpapier auslegen und die Wraps darauf verteilen. 15 Minuten im Ofen backen, nach der Hälfte der Zeit die Bleche tauschen.

So machen wir das

Das ist unser absolutes Lieblingsrezept. Es geht super schnell und man kann drauflegen, was gerade da ist. Lecker sind Pesto, Paprika, Apfelscheiben, Schinkenstreifen oder frischer Rucola. Am allerschnellsten geht's mit fertig eingelegtem Antipastigemüse.

VEGETARISCH

Kindergeburtstag

CANDY CAKE

Zubereitung: 30 Minuten + 30 Minuten backen
Ergibt 1 Kuchen

½ Zitrone
1 Karotte
1 Apfel
175 gweiche Butter
100 g Zucker
1 Prise Salz
1 Msp. Vanillepulver
3 Eier
250 g Mehl
50 g Speisestärke
2 TL Backpulver
150 g Frischkäse
75 g Apfelmark
(alternativ Apfelmus)

Verschiedene Süßigkeiten: Gummibärchen, Schokolade, Schokolinsen, kleine Butterkekse

★ Eine Springform mit 26 cm Ø einfetten. Den Ofen auf 180 °C Ober-/Unterhitze vorheizen.

★ Die Zitrone auspressen. Die Karotte schälen und auf einer Gemüsereibe fein raspeln. Den Apfel waschen, entkernen und ebenfalls fein raspeln. Beides in einer Schüssel mit dem Zitronensaft mischen.

★ In einer weiteren Schüssel Butter, Zucker, Salz und Vanillepulver mit dem Handrührgerät 5 Minuten verrühren. Die Eier dazugeben. Mehl, Speisestärke und Backpulver mischen und zügig unterrühren. Die Apfel-Karotten-Raspel unterheben, die Masse in die Springform füllen und glattstreichen. Den Kuchen auf der mittleren Schiene im Ofen 30 Minuten backen. Dann in der Form auskühlen lassen.

★ Frischkäse und Apfelmark verrühren. Den kalten Kuchen aus der Form lösen und mit der Frischkäse-Apfel-Mischung bestreichen. Die Süßigkeiten wie ein Mandala darauf drapieren.

OBSTRAKETEN

Zubereitung: 15 Minuten
Ergibt 10 Spieße

30 Heidelbeeren
30 kernlose Weintrauben
10 möglichst spitz zulaufende Erdbeeren
10 Physalis
10 Holzspieße

★ Heidelbeeren, Weintrauben und Erdbeeren vorsichtig waschen. Die Physalis öffnen und die Blätter nach unten biegen. Die Erdbeere mit der Spitze nach oben als erstes hochkant auf den Spieß schieben. Nun zuerst die Heidelbeeren und dann die Trauben hinterherschieben. Zuletzt die Physalis auf den Spieß stecken, sodass die Blätter wie ein Raketenschweif nach unten zeigen.

PIZZA-LOLLIS

Zubereitung: 35 Minuten + 1 Stunde 30 Minuten ruhen + 20 Minuten backen – Ergibt 16–20 Stück

250 g Weizenvollkornmehl
150 g Weizenmehl
1 Prise Zucker
1 TL Salz
10 g frische Hefe
2½ EL Olivenöl
75 g Tomatenmark
50 g italienische Kräuter (TK)
80 g hauchdünne Salamischeiben
100 g geriebener Emmentaler
ca. 20 Holzspieße

★ Das Mehl mit Zucker und Salz in eine Schüssel geben und vermischen. Dann die Hefe darüberbröseln und 200 ml lauwarmes Wasser sowie Olivenöl dazugeben. Alles zunächst mit dem Handrührgerät und anschließend mit den Händen für 8–10 Minuten kräftig durchkneten. Den Teig an einem warmen Ort 30 Minuten abgedeckt gehen lassen.

★ Den Hefeteig nochmals kräftig durchkneten und anschließend auf einer bemehlten Fläche backblechgroß ausrollen. Den Teig mit Tomatenmark bestreichen und italienische Kräuter darüberstreuen. Salami darauf verteilen und Emmentaler darüberstreuen. Von den beiden kurzen Seite her jeweils bis zur Mitte eng aufrollen (es entstehen zwei Rollen). Die Rollen voneinander trennen und in etwa 2 cm dicke Scheiben schneiden. Die Scheiben auf einem mit Backpapier ausgelegten Backblech verteilen und mindestens 1 Stunde ruhen lassen.

★ Den Backofen auf 190 °C Umluft (210 °C Ober-/Unterhitze) vorheizen. Die Pizzaschnecken 10 Minuten im Ofen backen. Dann die Temperatur auf 160 °C Umluft (180 °C Ober-/Unterhitze) reduzieren und die Pizza nochmal 10 Minuten backen. Die Röllchen nach dem Backen auf Holzspieße stecken und servieren.

Tipp

Man kann die Schnecken vor dem Backen auch über Nacht im Kühlschrank stehen lassen. So lassen sie sich vorbereiten und müssen am Tag der Party nur noch in den Ofen geschoben werden.

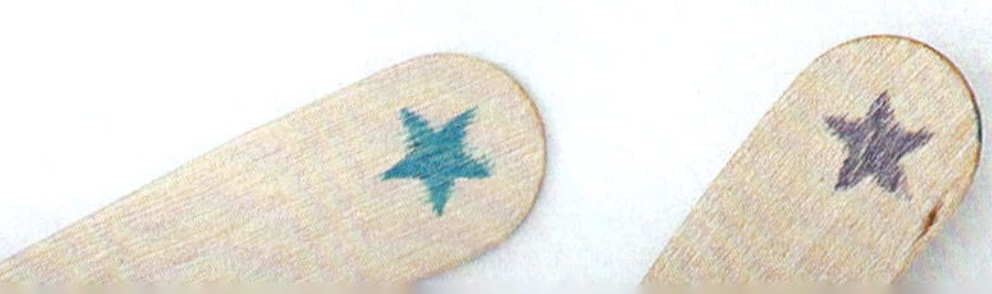

ZUCCHINIRÖLLCHEN MIT WÜRSTCHEN

Zubereitung: 25 Minuten
Zutaten für 4 Personen

1 mittelgroße gerade Zucchini
1 kleine Karotte
½ Avocado
⅓ Gurke
2 Wiener Würstchen
2 EL Tomatenmark
1 TL Oregano
frisch gemahlener schwarzer Pfeffer

★ Zucchini waschen, abtrocknen und Enden abschneiden. Zucchini mit dem Sparschäler längs in mindestens acht lange Scheiben schneiden. Karotte und Avocado schälen. Avocado entsteinen. Karotte und Avocadofruchtfleisch in feine Stifte von etwa 8 cm Länge schneiden. Gurke waschen, längs halbieren, entkernen und ebenfalls in 8 cm lange feine Stifte schneiden.

★ Wiener Würstchen halbieren und dann der Länge nach vierteln. Tomatenmark mit Oregano und Pfeffer verrühren.

★ Zucchinischeiben mit etwas Abstand nebeneinander auslegen und mit gewürztem Tomatenmark bestreichen.

★ Gemüse und Würstchen auf den unteren Enden der Zucchini verteilen, Zucchini dann aufrollen und aufrecht auf einen Teller stellen.

KOKOS-MANGO-SCHNITZEL
KÄSE-SCHNITZ

SCHNITZEL
CLASSIC
TOMATEN-
SCHNITZEL

Ofen-Schnitzel

Zubereitung jeweils: 25 Minuten + 30 Minuten backen
Zutaten jeweils für 4 Personen

GRUNDREZEPT PANIEREN

2 EL Mehl
2 Eier
4 Minutenschnitzel
Salz
schwarzer Pfeffer

★ Mehl auf einen flachen Teller geben, Eier verquirlen und in einen zweiten, tiefen Teller geben. Minutenschnitzel mit Salz und Pfeffer würzen. Nun erst im Mehl wenden, dann durch das Ei ziehen und zuletzt im jeweils dritten Bestandteil der Panade wälzen.

SCHNITZEL CLASSIC

80 g Semmelbrösel
Salz
2 TL Senf (mittelscharf)
400 g Bohnen (TK)
600 g Kartoffeln (festkochend)
Außerdem: alle Zutaten aus dem Grundrezept (s. oben)

★ Semmelbrösel in einen Teller geben. Schnitzel salzen und auf beiden Seiten mit Senf bestreichen, dann wie im Grundrezept beschrieben panieren. Bohnen 5 Minuten in kochendem Salzwasser garen, dann abschrecken. Kartoffeln waschen und in Spalten schneiden.

★ Backofen auf 220 °C Ober-/Unterhitze vorheizen. Schnitzel mit Bohnen und Kartoffeln auf ein mit Backpapier ausgelegtes Backblech legen und 30 Minuten backen. Nach der Hälfte der Zeit wenden. Vor dem Servieren Bohnen und Kartoffeln salzen und pfeffern.

KÄSESCHNITZEL

50 g Kräuter der Provence (TK)
50 g naturbelassene Cornflakes
3–4 Kohlrabi (800 g)
2 EL Rapsöl
2 EL Mehl
100 g geriebener Emmentaler
Außerdem: alle Zutaten aus dem Grundrezept (s. links)

★ Kräuter und Cornflakes in einen Gefrierbeutel geben, mit dem Nudelholz platt klopfen und die Schnitzel wie im Grundrezept panieren.
★ Kohlrabi schälen und in 1 cm dicke Stifte schneiden. Öl und Mehl auf jeweils einen Teller geben. Kohlrabi erst durch das Öl ziehen, dann im Mehl wälzen.
★ Backofen auf 220 °C Ober-/Unterhitze vorheizen. Schnitzel und Kohlrabi auf ein mit Backpapier ausgelegtes Backblech legen und 30 Minuten backen. Nach der Hälfte der Zeit wenden. 10 Minuten vor Ende der Backzeit Emmentaler über den Kohlrabi streuen und vor dem Servieren pfeffern und leicht salzen.

TOMATENSCHNITZEL

50 g getrocknete Tomaten
50 g Semmelbrösel
3 Knoblauchzehen
2 EL Olivenöl
3–4 Zucchini (500 g)
2 vorgegarte Maiskolben
300 g Gnocchi
Außerdem: alle Zutaten aus dem Grundrezept (s. links)

★ Die getrockneten Tomaten vierteln, mit den Semmelbröseln in den Blitzhacker geben und die Schnitzel wie im Grundrezept panieren.
★ Knoblauch abziehen, sehr fein hacken und mit dem Öl mischen. Zucchini und Mais waschen, in 2 cm dicke Scheiben schneiden, mit dem Knoblauchöl gründlich vermengen.
★ Backofen auf 220 °C Ober-/Unterhitze vorheizen. Schnitzel, Zucchini und Mais auf ein mit Backpapier ausgelegtes Backblech legen. Alles 30 Minuten backen. Nach der Hälfte der Backzeit wenden. Vor dem Servieren das Gemüse pfeffern und salzen.

KOKOS-MANGO-SCHNITZEL

30 g Kokosraspel
50 g getr. Mango
500 g Paprika
500 g Süßkartoffel
1 EL Öl

★ Kokosraspel und Mango im Blitzhacker mittelfein hacken und die Schnitzel wie im Grundrezept beschrieben panieren. Paprika waschen, entkernen und in breite Streifen schneiden. Süßkartoffel schälen und in Spalten schneiden. Beides mit Öl vermengen.
★ Backofen auf 220 °C Ober-/Unterhitze vorheizen. Schnitzel und Gemüse auf dem Blech verteilen. Alles 30 Minuten backen. Nach der Hälfte wenden. Vor dem Servieren das Gemüse salzen und pfeffern.

BUNTE SPIESSE

Zubereitung: 40 Minuten
Zutaten für 4 Personen

1 unbehandelte Limette
2 EL Schnittlauchröllchen
150 g Joghurt
200 g Schmand
Salz
weißer Pfeffer
200 g Snack-Paprika
1 Zucchini (etwa 150 g)
250 g Cocktailtomaten
1 kleine Zwiebel
300 g Brühwurst (z. B. Putenwiener)
3 EL Bratöl
4 Pitabrote
12 lange Holzspieße

★ Für den Dip die Limette heiß abspülen, abtrocknen und die Schale fein abreiben. Schnittlauch waschen, trockenschütteln und in feine Röllchen schneiden. Mit Limettenabrieb, Joghurt und Schmand verrühren, mit Salz und weißem Pfeffer abschmecken.

★ Das Gemüse waschen und abtrocknen. Die Paprika entkernen und in 1 cm große Stücke schneiden. Enden der Zucchini abschneiden, Zucchini in 0,5 cm dicke Scheiben schneiden und die Scheiben halbieren. Die Zwiebel abziehen und vierteln. Die Würste in 3 cm lange Stücke schneiden.

★ Gemüse und Wurst abwechselnd auf zwölf Spieße aufstecken. Dabei darauf achten, dass alle Stücke etwa gleich groß sind, damit beim Braten alles die Pfanne berührt. Die Spieße mit 2 EL Bratöl bepinseln. Jeweils 1 EL Bratöl in einer Grillpfanne erhitzen und die Spieße in zwei Portionen bei mittlerer Temperatur pro Seite 3 Minuten anbraten.

★ Pitabrote toasten und gemeinsam mit den Spießen und dem Dip servieren.

Tipp

Vegetarier können die Wurst auch ganz weglassen oder eine Veggie-Wurst nehmen.

VEGETARISCH

TOMATENSUPPE

IM BROTMANTEL

Zubereitung: 20 Minuten
Zutaten für 4 Personen

1 Zwiebel
1 Knoblauchzehe
2 EL Olivenöl
425 g stückige Tomaten (Konserve)
40 g getrocknete Tomaten
½ TL getrocknete Cranberrys
½ TL Salz
schwarzer Pfeffer
4 Brötchen mit fester Krume (z. B. Roggenvollkornbrötchen)

★ Die Zwiebel abziehen und würfeln. Knoblauch abziehen und fein hacken. 1 EL Olivenöl in einem Topf erhitzen und die Zwiebel darin 1 Minute anschwitzen. Knoblauch und Tomatenstücke zugeben. Die Tomatendose einmal mit Wasser füllen und das Wasser angießen.

★ Die getrockneten Tomaten fein würfeln, Cranberrys fein hacken. Beides mit Salz zur Suppe geben und mit Pfeffer würzen. Suppe 10–15 Minuten bei geringer Temperatur leicht köcheln lassen.

★ Inzwischen von den Brötchen oben einen schmalen Deckel abschneiden und die Brötchen aushöhlen. Das Brötcheninnere klein würfeln. Restliches Öl in einer Pfanne erhitzen und Brötchenwürfel kross anbraten. Die fertige Suppe mit dem Pürierstab glatt pürieren, vorsichtig in die ausgehöhlten Brötchen füllen und mit Croutons bestreut servieren.

Snacks, Süßes UND DESSERTS

Es ist heiß –
ich hab Lust auf Eis!
Oder auf Kuchen.
Oder auf Erdbeercreme.
Oder, oder, oder …

VEGETARISCH

APFEL-CRUMBLE

Zubereitung: 15 Minuten + 40 Minuten backen
Zutaten für 4 Personen

4 säuerliche Äpfel
(z. B. Boskoop)
2 EL Zitronensaft
1 EL Vollrohrzucker
1 Prise Salz
50 g Mandelkerne
180 g Weizenmehl
100 g Zucker
100 g Butter

★ Eine Auflaufform mit Butter fetten. Äpfel schälen, entkernen und in Würfel schneiden. Sofort mit Zitronensaft und Vollrohrzucker mischen, in der Auflaufform verteilen und mit Salzflocken bestreuen. Die Mandeln grob hacken und ebenfalls über die Äpfel geben.

★ Den Backofen auf 180 °C Ober-/Unterhitze (160 °C Umluft) vorheizen. Mehl und Zucker mischen. Die Butter in Flöckchen schneiden und dazugeben. Alles mit den Händen zu krümeligen Streuseln verkneten und über den Äpfeln verteilen. Im vorgeheizten Backofen auf der mittleren Schiene 40–50 Minuten backen, bis die Äpfel weich und die Streusel goldbraun sind.

ZUM SELBER AUS-FÜLLEN

Wir backen gemeinsam

- ❑ Papas erster Kuchen.
- ❑ Für Mama zum Muttertag.
- ❑ Wir essen alle Weihnachtskekse auf.
- ❑ Wir backen Weihnachtskekse.
- ❑ Wir backen Geburtstagskuchen.

BEIM BACKEN UND KUCHENESSEN ENTSTEHEN DIE LUSTIGSTEN BILDER UND ECHTE FAMILIEN-KÜCHENGLÜCKSMOMENTE, DIE IHR HIER SAMMELN KÖNNT.

VEGETARISCH

Zitronenkuchen

AUS DER TASSE

Zubereitung: 12 Minuten + 20 Minuten backen
Zutaten für 4 Personen

1 unbehandelte Zitrone
40 g Zucker
75 g Butter
1 Ei (L)
75 g saure Sahne
150 g Mehl
½ Päckchen Backpulver (8 g)
4 ofenfeste Tassen à 250 ml
Puderzucker nach Belieben

★ Den Backofen auf 160 °C Ober-/Unterhitze vorheizen. Die Zitrone heiß abspülen und abtrocknen, die Schale fein abreiben. Die Zitrone halbieren und eine Hälfte auspressen, den Zitronensaft beiseitestellen.

★ Zitronenabrieb und Zucker in eine Schüssel geben und 1 Minute verkneten. Die Butter dazugeben und 3 Minuten schaumig schlagen. Das Ei, die saure Sahne und den Zitronensaft zugeben und 1 Minute verrühren. Mehl und Backpulver unterheben und alles zu einem Teig verkneten.

★ Die Tassen mit etwas Butter einfetten, je ein Viertel der Teigmasse einfüllen und auf der mittleren Schiene im Ofen 20–25 Minuten backen. Kuchen nach Belieben mit Puderzucker bestreuen und in den Tassen servieren.

Sehr lecker ♡

SNACK-WRAPS

MÜSLIMUFFINS
OHNE ZUCKER
DINKEL-KNABBER-
STANGEN
QUINOA-RIEGEL

VEGETARISCH

Gesunde Snacks

DINKEL-KNABBERSTANGEN

Zubereitung: 15 Minuten + 40 Minuten ruhen + 24 Minuten backen – Ergibt 10 Stangen

5 g frische Hefe
125 g Dinkelmehl
30 g italienische Kräuter (TK)
½ TL Salz
1 TL Olivenöl
2 EL Sesam
etwas geriebener Käse

★ Die Hefe in 60 ml lauwarmem Wasser auflösen. Mehl mit Kräutern und Salz mischen, Hefewasser und Olivenöl zugeben. 5 Minuten zu einem glatten Teig verkneten. Abgedeckt 20 Minuten gehen lassen.

★ Den Backofen auf 200 °C Ober-/Unterhitze (180 °C Umluft) vorheizen. Den Teig auf einer bemehlten Fläche rechteckig sehr dünn ausrollen. In 1 cm breite und 15 cm lange Streifen schneiden und 20 Minuten gehen lassen.

★ Zwei Backbleche mit Backpapier auslegen. Die Streifen darauflegen und mit Sesam und Käse bestreuen. Bleche nacheinander für jeweils 12 Minuten in den Ofen schieben.

SNACK-WRAPS

Zubereitung: 12 Minuten – Zutaten für 4 Personen

4 Weizentortillas (soft)
40 g Walnusskerne
1 kleine Apfel
1 Karotte
120 g Quark
4 TL Ahornsirup

★ Die Weizentortillas in einer Pfanne kurz von beiden Seiten erwärmen. Die Walnüsse klein hacken. Den Apfel waschen, entkernen, die Karotte schälen und beides in feine Streifen schneiden.

★ Die Tortillas mit Quark bestreichen und mit Apfel- und Karottenstreifen belegen. Walnüsse darüberstreuen und mit Ahornsirup beträufeln. Die Fladen eng und fest aufrollen und die Rolle in etwa 2 cm breite Scheiben schneiden.

MÜSLIMUFFINS OHNE ZUCKER

Zubereitung: 10 Minuten + 20 Minuten backen
Ergibt 6 Muffins

100 g Studentenfutter
30 g gemahlene Nüsse
50 g Haferflocken
50 g Mehl
1 TL Backpulver
1 reife Banane
1 Ei
125 g Joghurt
3½ EL Rapsöl
2 EL Agavendicksaft
1 Muffinblech

★ Den Backofen auf 180 °C Ober-/Unterhitze (Umluft ist nicht zu empfehlen) vorheizen. Das Studentenfutter im Blitzhacker grob zerkleinern. Mit den gemahlenen Nüssen, den Haferflocken, dem Mehl und dem Backpulver mischen.

★ Die Banane schälen, mit einer Gabel zerdrücken und mit Ei, Joghurt, Öl und Agavendicksaft mit dem Handrührgerät cremig rühren.

★ Die Nuss-Mehl-Mischung mit dem Handrührgerät zügig unter die Bananenmasse heben. Den Teig in die Förmchen füllen und auf der mittleren Schiene 20 Minuten backen.

QUINOA-RIEGEL

Zubereitung: 45 Minuten + 25 Minuten backen
Ergibt 12 Riegel

60 g Quinoa
2½ EL Agavendicksaft
50 g Zucker
60 g Erdnussmus
30 g getrocknete Cranberrys
50 g Haferflocken
1 EL Mehl

★ Quinoa gründlich mit heißem Wasser abspülen. In einen Topf geben und mit 120 ml Wasser aufkochen. 20 Minuten köcheln und 10 Minuten quellen lassen. Den Backofen auf 170 °C Ober-/Unterhitze (150 °C Umluft) vorheizen.

★ Agavendicksaft in einem kleinen Topf erwärmen. Zucker dazugeben und auflösen. Erdnussmus unterrühren und den Topf vom Herd nehmen. Cranberrys grob hacken und mit Haferflocken, gekochtem Quinoa und Mehl dazugeben; verrühren.

★ Eine Auflaufform (23 x 16 cm) mit Backpapier auslegen, die Masse hineingeben und fest andrücken. 25 Minuten auf der mittleren Schiene im Ofen backen. Masse kurz abkühlen lassen, in zwölf Riegel schneiden, vollständig auskühlen lassen und dann aus der Form nehmen.

ERDBEERCREME

Zubereitung: 20 Minuten + 4 Stunden kühlen
Zutaten für 4 Personen

2 Blatt Gelatine
4 Soft-Datteln ohne Kern
250 g Erdbeeren (TK oder frisch, + einige für die Deko)
400 g Quark (20 % Fett)
2 EL Mascarpone
1 Msp. gemahlene Vanille
1 TL Honig
1 TL Heidelbeeren
Zuckerperlen nach Belieben

★ Gelatine einweichen, dann ausdrücken. Datteln klein schneiden, Erdbeeren gegebenenfalls waschen und halbieren. Alles mit 300 g Quark in einen hohen Rührbecher geben und mit dem Pürierstab sehr fein pürieren. Die Gelatine in einem Topf bei kleiner Hitze erwärmen, bis sie schmilzt. Den Topf vom Herd nehmen und die Erdbeermasse unter stetigem Rühren unterheben. In eine Servierschüssel umfüllen und im Kühlschrank abgedeckt 4–6 Stunden fest werden lassen.

★ Inzwischen 100 g Quark in ein Schälchen geben und mit 2 EL Mascarpone, Vanille und 1 TL Honig verrühren. In einen Spritzbeutel mit Sterntülle geben.

★ Sobald die Erdbeer-Quark-Masse fest geworden ist, die weiße Creme zur Dekoration daraufspritzen. Mit frischen Erdbeeren und Heidelbeeren garnieren und nach Belieben mit Zuckerperlen verzieren.

VEGETARISCH

VANILLEDESSERT

MIT HONIG UND BEEREN

Zubereitung: 10 Minuten
Zutaten für 4 Personen

75 g Butterkekse
300 ml Milch
2½ EL Vanillepudding-pulver
1½ TL Honig
200 g Beeren (TK)

★ Die Butterkekse in einen Gefrierbeutel geben, die Luft herausdrücken und den Beutel verschließen. Auf die Arbeitsfläche legen und mit einem Nudelholz so lange klopfen, bis die Kekse zerkrümelt sind. Die Krümel auf vier Dessertschälchen oder Schraubgläser verteilen.

★ Von der Milch 4 EL abnehmen und in einem kleinen Schälchen mit dem Puddingpulver verrühren. Die restliche Milch aufkochen. Aufgelöstes Puddingpulver zur Milch geben und darin unter Rühren andicken lassen, dann vom Herd nehmen und den Honig unterrühren.

★ Den Pudding auf die Keksstreusel in den Schälchen oder Gläsern schichten und die Beeren darüber verteilen.

So machen wir das

Wir lieben dieses schnelle Dessert, weil man die Zutaten meistens vorrätig hat. Statt Butterkeksen könnt ihr auch andere Kekse nehmen, die gerade da sind. Statt Vanillepuddingpulver geht auch Schokoladenpuddingpulver oder Maisstärke gemischt mit Vanillezucker oder gemahlener Vanille. Und statt Tiefkühlfrüchten schmeckt natürlich auch frisches Obst ganz wunderbar.

VEGETARISCH

Gegrillter Pfirsich

Zubereitung: 15 Minuten
Zutaten für 4 Personen

2 Pfirsiche
30 g Walnusskerne und Mandelkerne
250 g Quark (20 % Fett)
1 TL Honig
1TL Butter

★ Die Pfirsiche waschen, abtrocknen, entkernen und achteln. Walnüsse und Mandeln grob hacken und in einer (Grill-) Pfanne ohne Fett 5 Minuten anrösten. Den Quark in einer Schüssel mit Honig verrühren.

★ Die Nüsse aus der Pfanne nehmen. Butter in der Pfanne schmelzen, bis sie braun wird. Die Pfirsichspalten zugeben und 5 Minuten von allen Seiten anbraten.

★ Den Quark auf Tellern verteilen, die Pfirsiche daraufgeben und die Nüsse darüberstreuen.

Tipp

Dass Dessert schmeckt auch mit Birnen, Äpfeln oder Pflaumen sehr lecker.

HIMBEER-VANILLE-EIS
AM STIEL
DEUTSCHLAND-EIS

SCHNELLES
SCHOKOEIS
MANGOSORBET

VEGETARISCH

Eis-Schleckereien

MANGOSORBET

Zubereitung: 15 Minuten + mind. 8 Stunden tiefkühlen
Zutaten für 4 Personen

50 g Zucker
1 reife Mango

★ 100 ml Wasser in einem kleinen Topf erwärmen, den Zucker darin auflösen. Die Mango schälen, das Fruchtfleisch vom Stein lösen und in grobe Stücke würfeln. Mit dem Zuckersirup in einen hohen Mixbecher geben und mit dem Pürierstab fein pürieren.

★ Die Masse in eine Metallschale füllen und mindestens 8 Stunden tiefkühlen. Dabei alle 30 Minuten kräftig durchrühren um die Eiskristalle aufzubrechen.

Tipp
Je häufiger man rührt, desto cremiger wird das Sorbet.

HIMBEER-VANILLE-EIS AM STIEL

Zubereitung: 5 Minuten + 4 Stunden tiefkühlen
Zutaten für 4 Personen

100 g Himbeeren
2 EL Agavendicksaft
200 g Vanillejoghurt
Eisförmchen und Holzstiele

★ Die Himbeeren waschen und abtrocknen lassen. Mit dem Agavendicksaft in einen hohen Rührbecher geben und mit dem Pürierstab fein pürieren.

★ Vanillejoghurt auf vier Eisformen verteilen, das Himbeerpüree daraufgeben. Stiele hineinstecken und das Eis für mindestens 4 Stunden tiefkühlen.

DEUTSCHLAND-EIS

Zubereitung: 15 Minuten + 4 Stunden tiefkühlen
Ergibt 8 Eis am Stiel

250 g Heidelbeeren (TK)
100 ml Agavendicksaft
250 g Erdbeeren
350 g Mango
Eisförmchen und Holzstiele

★ Die Heidelbeeren antauen lassen, mit 50 ml Agavendicksaft in einen hohen Rührbecher geben und mit dem Pürierstab glatt pürieren. In einen Spritzbeutel füllen und die Eisförmchen zu je einem Drittel damit befüllen. Dann in den Tiefkühler stellen und etwa 30 Minuten anfrieren lassen.

★ Inzwischen die Erdbeeren waschen, putzen, vierteln und mit dem restlichen Agavendicksaft pürieren. Erdbeeremus ebenfalls mit einem Spritzbeutel in die Eisförmchen füllen, bis diese zwei Drittel hoch gefüllt sind. Dann für etwa 30 Minuten in den Tiefkühler stellen.

★ Inzwischen die Mango schälen, das Fruchtfleisch vom Stein lösen, in Stücke schneiden und glatt pürieren. In einen Spritzbeutel geben und die Eisförmchen damit auffüllen. Die Holzstiele in das Eis stecken und die Förmchen erneut in den Tiefkühler stellen. Für mindestens 3 Stunden gefrieren lassen.

SCHNELLES SCHOKOEIS

Zubereitung: 10 Minuten + mind. 6 Stunden tiefkühlen
Zutaten für 4 Personen

50 g Zartbitterschokolade
150 g Vanillejoghurt
Eiswürfelförmchen

★ Die Schokolade klein hacken und in einem Topf über dem Wasserbad langsam schmelzen. Vom Herd nehmen und mit einem Schneebesen den Joghurt unterrühren. Die Masse in Eiswürfelförmchen füllen und mindestens 6 Stunden tiefkühlen.

★ Zum Servieren die Eiswürfel in die Küchenmaschine geben und alles cremig rühren.

Convenience SELBST GEMACHT

Du willst Ketchup mit vollem Geschmack und wenig Zucker? Oder easy peasy Joghurt selber machen? Gesagt, getan.

Hühnerfond

Zubereitung: 5 Minuten + 2,5 Stunden köcheln + 1 Stunde einkochen – Ergibt etwa 1 Liter

1 Bund Suppengemüse
1 kleines Suppenhuhn (etwa 1,2 kg)
1 Zwiebel
1 TL Pfefferkörner
3 Lorbeerblätter
2 Pimentkörner

★ Das Gemüse waschen und grob zerkleinern. Das Suppenhuhn gegebenenfalls halbieren und mit 2 l kaltem Wasser, der Zwiebel, Pfeffer, Lorbeerblättern, Piment und Gemüse in einem großen Topf aufkochen lassen. Temperatur reduzieren und den Fond ohne Deckel 2,5 Stunden köcheln lassen. Dabei entstehenden Schaum mit einer Schöpfkelle abschöpfen. Den Fond abseihen und heiß in sterilisierte Gläser füllen. Anschließend 1 Stunde bei 90 °C einkochen oder portionsweise einfrieren. Das Fleisch vom Knochen zupfen und für Frikassee (S. 159) oder Suppe (S. 151) verwenden.

Gemüsefond

VEGETARISCH

Zubereitung: 5 Minuten + 60 Minuten köcheln + 30 Minuten einkochen – Ergibt etwa 1 Liter

1 Zwiebel
2 Knoblauchzehen
1 Topf Gemüseschalen und -reste (alternativ 1 Bund Suppengrün)
2 Lorbeerblätter
frisch gemahlener schwarzer Pfeffer

★ Zwiebel mit Schale waschen, ungeschält halbieren und mit den Schnittflächen nach unten in einem heißen Topf dunkel bräunen. Gemüsereste und Knoblauchzehen zugeben und mit 1,5 l kaltem Wasser aufgießen. Lorbeerblätter zugeben, pfeffern und aufkochen lassen.

★ Temperatur reduzieren und den Fond ohne Deckel 30 Minuten köcheln lassen. Dabei entstehenden Schaum abschöpfen. Fond abseihen und heiß in sterilisierte Gläser füllen. 30 Minuten bei 90 °C einkochen oder portioniert einfrieren.

Ketchup-Varianten

VEGETARISCH

KETCHUP MIT MANGO

Zubereitung: 40 Minuten + 30 Minuten köcheln + 30 Minuten einkochen – Zutaten für 1 Flasche (500 ml)
Eingekocht 12 Monate haltbar

1 reife Mango
½ kleine Zwiebel
150 g gelbe Tomaten
1 Stück Ingwer (2 cm)
1 TL schwarzer Pfeffer
½ TL gemahlener Kreuzkümmel
50 g Zucker
100 ml Apfelessig
1 gestr. TL Salz

★ Mango schälen, das Fruchtfleisch vom Stein lösen und würfeln. Zwiebel abziehen und würfeln. Tomaten waschen, vierteln, entkernen und würfeln. Ingwer schälen und fein hacken.

★ Pfeffer und Kreuzkümmel in einem Topf mit den anderen Zutaten einmal aufkochen lassen und anschließend bei geringer Temperatur und geschlossenem Deckel 30 Minuten köcheln lassen. Dann die Masse pürieren und unter ständigem Rühren etwa 10 Minuten kochen, bis die Konsistenz des Ketchups stimmt. Heiß in eine sterilisierte Flasche füllen, sofort verschließen und 30 Minuten bei 90 °C einkochen.

SUNDRIED-TOMATO-KETCHUP

Zubereitung: 20 Minuten – Zutaten für 1 Flasche (300 ml)
Im Kühlschrank 8–10 Wochen haltbar

40 g getrocknete Tomaten
50 g getrocknete Aprikosen
150 g Cocktailtomaten
1 Schalotte
60 ml Apfelessig
½ TL Salz

★ Getrocknete Tomaten und Aprikosen grob würfeln. Die Cocktailtomaten waschen, abtrocknen und ebenfalls würfeln. Die Schalotte abziehen und grob würfeln.

★ Alle Zutaten mit 60 ml Wasser in einen Topf geben, aufkochen lassen und bei niedriger Temperatur 12–15 Minuten köcheln lassen. Ketchup vom Herd nehmen und mit dem Pürierstab glatt pürieren. Noch heiß in eine sterilisierte Flasche füllen und verschließen.

VEGETARISCH

Saucen-Vielfalt

BLUMENKOHL-ERDNUSS-SAUCE

Zubereitung: 30 Minuten – Zutaten für 4 Personen

1 Blumenkohl
1 kleine Zwiebel
½ Zitrone
1 EL Rapsöl
30 g Erdnussmus
1 TL Honig
½ TL Salz
frisch gemahlener schwarzer Pfeffer

★ Den Blumenkohl waschen, abtrocknen und in Röschen teilen. Diese sehr klein schneiden. Die Zwiebel abziehen und fein würfeln. Zitrone auspressen. Öl in einem Topf erhitzen, Blumenkohl und Zwiebelwürfel darin scharf anbraten. Dann etwa 2 EL davon herausnehmen und beiseitestellen.

★ 400 ml Wasser, Zitronensaft, Erdnussmus und Honig zum Blumenkohl in den Topf geben und aufkochen. Mit Deckel 20 Minuten köcheln lassen. Am Schluss mit Salz und Pfeffer abschmecken und cremig pürieren. Wenn die Sauce zu dick ist, noch etwas Flüssigkeit zugeben. Die Sauce mit dem gerösteten Blumenkohl servieren.

So machen wir das Wir essen die Blumenkohlsauce am liebsten zu Kartoffeln, Reis, Hirse oder Quinoa.

ZUCCHINI-BANANEN-SAUCE

Zubereitung: 20 Minuten – Zutaten für 4 Personen

3–4 Zucchini
1 rote Zwiebel
1 kleine reife Banane
1 Zweig Rosmarin
2 EL Olivenöl
½ TL Salz
frisch gemahlener schwarzer Pfeffer
½ Zitrone

★ Die Zucchini waschen, Enden abschneiden und Zucchini in 1 cm große Würfel schneiden. Die Zwiebel abziehen und fein würfeln. Die Banane schälen und ebenfalls 1 cm groß würfeln. Den Rosmarin waschen, trockenschütteln, die Nadeln vom Zweig streifen und fein hacken.

★ Öl in einer Pfanne erhitzen, die Zucchiniwürfel darin 4 Minuten anbraten, bis sie leicht bräunen. Zwiebel- und Bananenwürfel zugeben und weitere 2 Minuten braten. Rosmarin zugeben, mit Salz und Pfeffer würzen. Zitrone auspressen und die Sauce mit dem Saft ablöschen.

FELDSALAT-PESTO

Zubereitung: 15 Minuten – Zutaten für 1 Glas (200 ml)
Im Kühlschrank 4 Wochen haltbar

50 g Haselnusskerne
60 g Feldsalat
50 g Parmesan
½ Zitrone
50 ml Olivenöl (+ etwas zum Auffüllen)
frisch gemahener schwarzer Pfeffer

★ Die Haselnüsse in einer Pfanne ohne Fett 5–8 Minuten rösten, dann aus der Pfanne nehmen. Den Feldsalat waschen und trockenschütteln. Parmesan grob zerkleinern. Die Zitrone auspressen.

★ Nüsse, Salat, Parmesan und Zitronensaft mit dem Öl in einen Blitzhacker geben und cremig pürieren. Das Pesto mit Pfeffer abschmecken und in ein sterilisiertes Glas geben. Mit so viel Öl auffüllen, dass das Pesto bedeckt ist.

Tipp

Das Pesto immer mit einem sauberen Löffel entnehmen. Wenn eine Portion entnommen wurde, immer wieder Öl nachfüllen, sodass die Oberfläche bedeckt ist.

TOMATENSAUCE AUS DEM OFEN

Zubereitung: 10 Minuten + 15 Minuten backen
Zutaten für 4 Personen

500 g Mini-Rispentomaten
2 rote Zwiebeln
3 Knoblauchzehen
1 Handvoll frische Thymianzweige
4 EL Olivenöl

★ Den Backofen auf 220 °C Ober-/Unterhitze (200 °C Umluft) vorheizen.

★ Die Tomaten an der Rispe waschen. Die Zwiebeln abziehen und achteln. Knoblauch abziehen. Ein Backbleck mit Backpapier auslegen. Die Zwiebeln darauf verteilen, Knoblauch und Thymian darüberlegen. Tomaten daraufsetzen, Olivenöl darüberträufeln. 15 Minuten im Ofen backen.

★ Die gebackenen Tomaten von der Rispe ziehen, mit einem Messer grob hacken, Zwiebel und Knoblauch ebenfalls hacken, Thymian von den Stängeln ziehen. Alles salzen und pfeffern und mit Nudeln servieren.

Süßer Vorrat

ZITRONENSIRUP

Zubereitung: 15 Minuten – Ergibt 250 ml
3–4 Monate haltbar

2 unbehandelte Zitronen
150 g Zucker

★ Zitronen heiß abwaschen. Mit einem Zestenreißer die Schale der Zitronen dünn entfernen.

★ 300 ml Wasser in einem Topf zum Sieden bringen und Zitronenschale für 10 Minute hineingeben. Dann abseihen und das Wasser zurück in den Topf füllen.

★ Zitronen auspressen. Zucker in das Zitronenkochwasser geben und aufkochen. Auf mittlere Temperatur zurückschalten, Zitronensaft dazugeben und den Sirup in eine sterilisierte Flasche abfüllen.

Tipp

Mit Sprudelwasser und Eiswürfeln schmeckt er als Limonade, mit heißem Wasser und etwas Ingwer als Zitronen-Ingwer-Tee. Eingerührt in Joghurt oder Quark ist er eine wunderbare Basis für ein Dessert, mit Puderzucker vermischt eine prima Kuchenglasur.

APFELMUS MIT ORANGE

Zubereitung: 20 Minuten + 30 Minuten köcheln + 30 Minuten einkochen – Zutaten für 1 Glas (500 ml) Eingekocht 12 Monate haltbar

3 Äpfel (600 g)
1 unbehandelte Orange
2 EL Zucker

★ Orange heiß abwaschen, Schale abreiben und Saft auspressen. Äpfel waschen und achteln. Mit 200 ml Wasser und Orangensaft bei mittlerer Temperatur in etwa 30 Minuten ohne Deckel weich garen. Masse durch ein Sieb oder eine Passiermühle drücken.

★ Orangenschale mit Zucker und Apfelmus in einen Topf geben. Aufkochen und 5 Minuten unter Rühren sprudelnd kochen lassen. Apfelmus in ein sterilisiertes Glas füllen, sofort verschließen und 30 Minuten bei 90 °C einkochen.

Tipp

Ohne Einkochen hält sich das Apfelmus im Kühlschrank etwa 3 Monate.

JOGHURT AUS DEM WARMEN BETT

Zubereitung: 10 Minuten + 12 Stunden ruhen Ergibt etwa 550 g Joghurt

500 g Vollmilch
2 EL Joghurt (3,5 % Fett)

★ Joghurt am besten morgens zubereiten, wenn das Bett noch schön warm ist.

★ Milch in einem Topf aufkochen und 5 Minuten unter Rühren kochen. Auf 42–45 °C abkühlen lassen. Vorsichtig Joghurt mittig in die Milch setzen, nicht verrühren oder vermischen, Topfdeckel aufsetzen. Alternativ alles in einen weiten Thermobecher setzen und mit dem Deckel verschließen.

★ Gefäß vorsichtig mit möglichst wenig Erschütterung unter die noch warme Bettdecke stellen und 12 Stunden dort kuschlig warm halten. Den fertigen Joghurt in ein sterilisiertes Schraubglas umfüllen und im Kühlschrank aufbewahren. Dort hält er sich 3–4 Tage.

Register

Wir sagen… Danke

Obwohl wir schon viele Bücher gemacht haben, ist es diesmal besonders aufregend für uns gewesen. Familienküchenglück ist unser persönlichstes Buch. Wir erzählen viel über uns und nehmen euch mit in unsere Küche und unser Leben. Nicht nur für uns ist das eine neue Erfahrung, auch der Christian Verlag hat hier einen neuen Weg eingeschlagen.

Dafür bedanken wir uns in erster Linie bei Anne Heinel und Anna Geistbeck, die in liebevoller Kleinarbeit von der Idee über das Konzept bis hin zum fertigen Buch alles mit uns und für uns ausgetüftelt haben, die Wörter von rechts nach links und Bilder von oben nach unten geschoben haben, bis es allen gefallen hat. Und die von Anfang an unsere gemeinsame Idee vom ganz besonderen Familienküchenglückbuch geteilt haben. Danke dafür, ihr habt das großartig gemacht.

Die wunderschönen Bilder stammen von Tina Engel, die mit Sack und Pack zu uns nach Frankfurt gereist ist und einen ganzen Tag lang nicht nur zauberhafte Fotos eingefangen hat, sondern auch noch die mittagsschlaflosen Kinder immer wieder zum Mitmachen motiviert hat.

Daher geht der nächste Dank an unsere Kinder. Ihr habt das super mitgemacht. Noch Tage später hieß es: »Tina – bist du fotobereit?« Aber auch die anderen kleinen Kindermodels, die ihre Hände geduldig zur Verfügung gesellt haben, verdienen ein dickes Dankeschön: Luis, Nino, Pepe, Emilia, Julius, Martha, Kaspar und Kasimir.

Wir bedanken uns bei Diana Dörfl für das schöne Layout und bei Ulrike Geist für den guten Textschliff. Weiterer Dank geht an Thomas Nehm und an Esther Winter aus dem Christian Verlag für ihre tatkräftige Unterstützung. Aber damit ein Buch gelingt, braucht es noch viel mehr fleißige Hände. Wir bedanken uns bei allen, die am Familienküchenglück mitgearbeitet haben.

Vielen Dank an die fleißigen Testesser, an unsere Freunde und Nachbarn, die immer wieder zum Teller-Leer-Putzen vorbeigekommen sind.

Zum Schluss möchten wir unseren Eltern »Danke« sagen. Danke, dass ihr den Grundstein für unser heutiges Familienküchenglück gelegt habt, das wir nun unsererseits als Eltern an Emilian und Linn weitergeben.

Ein großer Dank geht an unseren Sponsor Perlenfischer. Katja Kücherer ist eine bemerkenswerte Stempel-Designerin, deren Danke-Stempel schon bei unserer Hochzeit zum Einsatz kamen. Deine wunderschönen Stempel, dein Engagement und deine Leidenschaft machen unser Buch zu etwas ganz Besonderem. Auch unsere Kinder haben viel Spaß daran, Butterbrottüten, Geschenkpapier und Bilder zu bestempeln. Katjas Perlenfischer Stempel gibt es hier: www.perlenfischerdesign.de

Außerdem danken wir den Kooperationspartnern, die Pfanne, Pürierstab, Geschirr, Brotdose und Schneidebrett zur Verfügung gestellt haben, mit denen wir leckere, schnelle Familienrezepte zaubern konnten.

Das farbenfrohe und bruchsichere Bambus-Geschirr stammt von EKOBO, über www.by-ekobo.com.
Das ist nicht nur praktisch fürs Picknick, sondern auch für Ess- und Trinkanfänger oder für unterwegs, wenn der Kindergartenfreund auf dem Spielplatz auch Apfelschorle möchte.

Das schöne Kindergeschirr, das auch wir Erwachsene bezaubernd finden, wurde uns von www.nostalgieimkinderzimmer.de bereitgestellt. Dort könnt ihr es auch direkt bestellen. Der Häschen-Teller und weitere schöne Keramik stammt aus dem Hause Bloomingville. Auch das bunt-verspielte Kindergeschirr der Marke RICE, das zauberhafte Porzellan von GreenGate und weitere tolle Stücke hat uns nostalgieimkinderzimmer gestellt. Außer Geschirr gibt es dort noch viele weitere hübsche Dinge für Küche, Kinderzimmer und Wohnen, die einen Besuch lohnenswert machen.

Der Kenwood Stabmixer mit dem innovativen Triblade System Pro™ (Modell: HDM-802SI) kann viel, zum Beispiel Gemüse ins Essen schummeln oder Kartoffelbrei stampfen. Er wurde uns von Kenwood zur Verfügung gestellt. Mehr Informationen unter www.kenwoodworld.com.

Eine riesige Auswahl an BPA- und schadstofffreien Brotdosen, Trinkbehältern und Co. gibt es auf www.kivanta.de. Der Webshop hat uns die Edelstahlbrotdose und den isolierten Edelstahl-to-go-Becher von Kivanta zur Verfügung gestellt.

Die ofenfeste Brat- und Servierpfanne der Marke Silit brät u.a. tolle Kartoffelgratins. Sie ist über www.wmf.com erhältlich.

www.pinkyourkitchen.de – DER Online-Shop für Küche und Lifestyle hat uns freundlicherweise mit einem EPICUREAN Schneidebrett aus Holzfiberlaminat versorgt, das die Messer schont, in die Spülmaschine darf und dabei auch noch cool aussieht.

Wir danken allen Kooperationspartnern, dass sie uns für das Buch ihre tollen Produkte zur Verfügung gestellt haben. Diese Produkte haben wir uns ausdrücklich gewünscht, weil wir sie kennen, benutzen und gerne weiterempfehlen. Viele dieser Produkte besitzen und benutzen wir bereits seit vielen Jahren und möchten nicht mehr darauf verzichten. Wir hoffen, dass diese schönen und praktischen Produkte auch euch zum Familienküchenglück verhelfen.

Alle Jahre wieder steht der Geburtstag vor der Tür. Das bedeutet Einladungskarten basteln, Mitgebseltüten gestalten, den Tisch hübsch decken – wie gut, dass es dafür kleine Helferlein gibt:

die tollen Perlenfischer-Stempel. Katja Kücherer ist Mama von zwei Jungs und Gestalterin der mittlerweile über 400 Stempelmotive. Ihr Credo: Stempeln macht glücklich. Das finden wir auch, deswegen sind wir sehr dankbar, dass Katja uns ihre Stempel für unser Buch zur Verfügung gestellt hat. Katjas Sohn brachte sogar eine bestempelte Butterbrottüte aus der Schule wieder mit nach Hause: »Mama, ich konnte die nicht wegschmeißen. Die ist sooo schön.«

Auch aus unserem Familienküchenglück sind sie nicht mehr wegzudenken. Wir bestempeln Einladungs-, Weihnachts- und Grußkarten, Butterbrottüten, Wimpelketten, Geschenkanhänger und -papier und mittlerweile sogar T-Shirts. Auch unsere Kinder finden stempeln richtig toll und verschicken erste Stempelbriefe an Oma und Opa. Ihr habt auch Lust zu stempeln? Die Stempel gibt's online unter perlenfischerdesign.de

Autoren

Sarah Schocke, Ökotrophologin (M.Sc.), arbeitete mehrere Jahre als Redakteurin für einen renommierten deutschen Ratgeberverlag im Bereich gesunde Ernährung. Heute schreibt sie als freie Fachjournalistin und Kochbuchautorin zu den Themen gesunde Ernährung und Genussküche mit besonderem Fokus auf Vegetarisch und Familienküche. Die Bestsellerautorin wurde bereits zweimal mit der GAD-Silbermedaille ausgezeichnet. Sie hält Vorträge, gibt Workshops und lebt mit ihrem Mann, Alexander Dölle, und zwei Kindern in Frankfurt am Main.

Alexander Dölle (M.Sc.) studierte Ökotrophologie an der Universität Gießen und Consumer Science an der Technischen Universität München. Er kocht seither mit Leidenschaft in jeder freien Minute. Mehrere Jahre arbeitete er im Bereich Sensorik bevor er aus Überzeugung in die Biobranche wechselte. Der Bestsellerautor wurde bereits zweimal mit der GAD-Silbermedaille ausgezeichnet, veröffentlichte zahlreiche, erfolgreiche Kochbücher, gibt Coachings und leitet zudem Kochevents.

Impressum

Produktmanagement: Anna Geistbeck, Sonya Mayer
Umschlaggestaltung: Sabine Loos
Layout und Satz: Diana Dörfl, Konstanz
Redaktion: Ulrike Geist
Korrektur: Franziska Sorgenfrei
Repro: LUDWIG:media, Zell am See
Herstellung: Barbara Uhlig
Partnermanagement: Thomas Nehm

Text und Rezepte: Sarah Schocke und Alexander Dölle
Fotografie und Foodstyling: Tina Engel
Styling: Judith Hinterding
Familienfotos Seiten 13 (rechts); 15; 17; 19; 31 (rechts); 39; 41; 70 (alle); 149 (rechts); 170; S. 222 (alle): Sarah Schocke
Seite 25: Dietmar Heck
Seite 236/237: Katja Kücherer
Illustrationen: © Katja Kücherer, Perlenfischer

Printed in Germany by APPL

Unser komplettes Programm finden Sie unter:

www.christian-verlag.de

Mitmachen & mitreden – gemeinsam mit uns Koch- und Ernährungsbücher gestalten! Für Sie ist Kochen viel mehr als nur Zubereitung von Nahrung? Kochen ist Ihre Leidenschaft! Dann haben wir Sie für unser neues Christian Verlag-Kundenpanel Koch- und Ernährungsbuch gefunden! Machen Sie mit:

http://christian-verlag.de/kundenpanel

★★★★★

Sind Sie mit diesem Titel zufrieden? Dann würden wir uns über Ihre Weiterempfehlung freuen.

Erzählen Sie es im Freundeskreis, berichten Sie Ihrem Buchhändler oder bewerten Sie bei Onlinekauf. Und wenn Sie Kritik, Korrekturen, Aktualisierungen haben, freuen wir uns über Ihre Nachricht an:

Christian Verlag
Postfach 40 02 09
D-80702 München
oder per E-Mail an lektorat@verlagshaus.de

Alle Angaben in diesem Werk wurden von den Autoren sorgfältig recherchiert und auf den aktuellen Stand gebracht sowie vom Verlag geprüft. Für die Richtigkeit der Angaben kann jedoch keinerlei Haftung übernommen werden.

Die Deutsche Nationalbibliothek verzeichnet diese Publikation in der Deutschen Nationalbibliografie; detaillierte bibliografische Daten sind im Internet über http://dnb.d-nb.de abrufbar.

ISBN 978-3-95961-133-6

Ebenfalls erhältlich ...

ISBN 978-3-95961-090-2

Pflegende und absolut natürliche Kosmetikrezepte für Schwangere, Neugeborene und Kleinkinder. Ein Babypflege-Buch über DIY-Kosmetik.